French Short Stories for Beginners

A Starter Guide to Learning French Fast by Improving Your Reading Comprehension, Listening Skills and Growing Your Vocabulary in a Fun Way!

Table of Contents

SPECIAL BONUS!

Want This Bonus Book for FREE?

Get <u>FREE</u>, unlimited access to it and all of my new books by joining the Fan Base!

SCAN W/ YOUR CAMERA TO JOIN!

What the book is about

Congratulations on a wise choice! The materials usually offered to learn foreign language are often of poor quality, based on inefficient methods that make learning take much longer. It makes much harder to find useful and entertaining ways to learn a language in a pleasant and efficient manner without memorizing those boring dictionaries.

Who likes spending a lot of time without seeing results? Who wants to get frustrated after buying a lot materials to learn a language, using multiple methods, and not seeing a good outcome?

No one.

We are all busy and want to get results faster and more conveniently. The world is changing, and it is fascinating that researchers are still able to find ever more efficient ways to learn quicker in order to adapt.

It is the reason we are here to shift your foreign language learning experience to the next level, using new scientific discoveries.

Our goal is to offer engaging material that when you practice makes your understanding of the language better and better. Language learning is not by accident. We have special material that will make the process smoother and more fun.

There is no way to learn a language – or anything - in just minutes; but with our material, it will go faster than the traditional way.

How many people do you know who have been participating in foreign language classes and now cannot communicate in the language they have been learning?

We know a lot.

Does it make sense to spend years learning a language and not seeing results? Is it normal? The classic educational system is not evolving to keep up with our fast-changing world. It does not use new inventions of science, which can make the learning a unique experience.

Why is our material unique?

This book has a simple structure: thirty short stories written in French to immerse yourself deeply in both the language and local context. After every story, we offer a short French and English summary to ensure you understood the plot. Then you go to the short vocabulary list based on frequently-used words.

Why did we not include a list of hundreds of words? To be honest, from our experience, you do not have to know many thousands of words to comprehend and communicate in a new language. Our material is based on frequently-used words or the most commonly used. From our perspective, it does not make sense to learn a lot advanced specialized vocabulary to communicate well. Of course, suppose you are a lawyer or doctor and are going to work in a foreign country. You need the relevant vocabulary and phrases to practice your profession. Still, in our book, we focus on simple communication in everyday life situations, not as a preparations for work in a specific field.

Then after a short vocabulary list comes a quiz to check your understanding.

Are you maybe wondering if our approach is as innovative as we claim? We can surely answer, yes. Why? Because the material is prepared to learn while reading. If you have no experience in French, you will likely not know many of words, but you do not have to worry just yet. It is a process.

Except for the material itself, there is one crucial thing before you start. Do you know what it is? The proper mindset.

If you do not know any words in French and try to read a story, you will surely get frustrated.

What type of mentality should you adopt while learning? First of all, try to have fun while reading these stories. Try to be interested like it is the most exciting book in your life, even if you do not get all the meaning.

Are you serious? Yes, we are. Many people start learning a foreign language and get frustrated when they do not know most words or understand the grammar structure. Then these people give up and cease their interest in learning the new language.

We cannot accept such frustration. No one is perfect; we all have different abilities and experiences. This book targets those without much experience in French. Fluent people in the language will probably find the material too easy, and they will not get as much out of it as a beginner will.

Of note, the book does not contain difficult idioms, past tenses, and advanced vocabulary, making the task more accessible and focused on quick comprehension.

The book's power is helping you understand that you will make mistakes, like everyone. Your goal is to make progress, even small, but still progress. It is better to take small steps forward and learn a few words per day than try to memorize thousands of words and get frustrated that you cannot store so much in your mind.

The "Rocky Balboa" strategy is not the best choice because it relies on impulse and emotions. It is often based on a temporary high motivation level, which will not be steady. If you go this route, you will see that sometimes you have the motivation and sometimes not. Most likely you will not succeed because language learning requires consistency in making small steps forward with a well-prepared plan.

In the long run, you will succeed if you make an achievable plan and stick to it daily rather than trying to run up Mount Everest without preparation.

Interestingly, our approach can be applied to almost every field in your life and every goal you want to achieve.

If you know a little about mentality, which is crucial in efficient language learning, make yourself a promise to set a tangible goal and stay consistent. That is all!

You can tell your friends or family that you will learn French. They will probably motivate you and keep you on track. You can, for example, set a reminder on your phone to remember about the day's language learning practice.

Language learning can be a fantastic adventure if you stick to the tips and tricks offered in this book. In fact, we are sure it will be!

Now let's dive into instructions on how to use the book for the best results.

How to use this book

- Read quietly in French without worrying that you do not understand something in the text. Some things you will remember more quickly, and some more slowly. That is normal.

- Reread the French story text and both summaries (French and English) to make sure you have understood most of it.

- Check the vocabulary at the end of the text and the translation. If you are unsure what some unbolded words mean, try to figure it out from the context. If you cannot, check the translator you use or a dictionary.

- It is recommended to reread the texts after checking the words.

- Use the simple question test at the end of the story to check your understanding. The answers follow the test. You are assessing how much you have understood correctly.

Tips and Tricks

- If you like, you can write down phrases or words that interest you. It is an additional way to memorize new words. Alternatively, you can also highlight them.

- Try to habitually learn every day (even for 5-15 minutes). It will be much more efficient than learning, for example, in two hours once a week. You will get much better results with a consistent approach, even with less time than one long session.

- For most people, it is too hard at the start to take a lot of time. It can destroy your mindset and motivation at the beginning. The key to success is learning and repeating every day a little bit.

- Of course, if you want to learn more, do it, but adjust the time. For example, if you feel that learning 15 minutes per day for one week is not practical, change it to 20 minutes. After a week, you can adjust to 30 minutes if you feel comfy. As we have said, it is all about the process and not by accident!

- Repetition is KEY in language learning like in everything you learn. Make sure to make regular repetitions. Researchers have found that you will quickly forget what you have learned without repetition. Repetition will make your learning more straightforward and help you remember for much longer.

- Don't be afraid to reread these stories after some time to reflect on the words learned. Repetition is so important in learning anything, so we highly recommend returning to these stories and revising some words.

- Don't get hung up on the words or phrases you don't understand. Go through the text, and do not feel pressure. Learning a new language process has to be enjoyable. Some things will be learned over time.

- If possible, read the stories out loud and not only in your head. At the same time, you are improving your pronunciation skills.

Histoire 1

La malédiction de la raclette - The curse of the raclette

L'**hiver** est là, il fait froid et il fait nuit tôt. En attendant Noël, il faut se remonter le moral. Juliette, 30 ans, **célibataire**, a décidé d'inviter ses amis pour une raclette chez elle. Elle vient de Savoie, un département français dans les Alpes. C'est le plat traditionnel de sa région. Elle habite à Lyon maintenant.

La raclette est un plat salé de Savoie **délicieux**. C'est un plat avec des morceaux de **fromage** de raclette carrés. On les met dans une petite poêle individuelle et on les fait **fondre** pendant qu'on mange. Quand ils sont fondus, on les verse sur la charcuterie et les pommes de terre. C'est tellement bon qu'on ait envie d'en manger **toute l'année**. Mais c'est un plat qui donne très chaud et qui est très gras.

C'est très pratique, car ça ne demande pas de préparation. Il suffit d'avoir un appareil à raclette. Il faut juste acheter du fromage, des pommes de terre et de la charcuterie, donc du jambon blanc, du jambon de pays, de la coppa, etc. Une fois qu'on a tous les **ingrédients**, on fait **cuire** les pommes de terre.

Juliette invite ses amis vendredi soir pour la raclette. Chacun doit ramener soit du fromage, soit de la charcuterie, soit du vin. Diane et Francis arrivent en premier avec du fromage et du vin. Ensuite, c'est Arthur et Nathalie. Ils ont acheté de la charcuterie et des pommes de terre. Le dernier arrivé est Gabriel qui ramène aussi du vin.

Juliette **installe** l'appareil au centre de la table. Elle met le fromage et la charcuterie dans des plats. Quand les pommes de terre sont prêtes, on les amène. Il faut souvent démarrer l'appareil avant pour qu'il chauffe assez. Il faut que le fromage fonde vite, ils ont **faim** !

Tout le monde s'assoit à la table et met son fromage à fondre. Ils **boivent** un petit verre de vin en attendant. Ils sont contents de passer la soirée **ensemble**. La raclette est un plat convivial. Ça réchauffe et ça met de bonne humeur. Chacun prépare son **assiette** comme il préfère. Quand le fromage est fondu à leur goût, il le verse sur la charcuterie et les pommes de terre. Puis, ils remettent du fromage dans la petite poêle et commencent à manger. Au début, l'appareil n'est pas très chaud. Le fromage met un moment à fondre. Mais au bout d'un moment, l'appareil est bien chaud. Le fromage fond très vite et ils ont du mal à manger assez vite. C'est tellement bon qu'on en mange beaucoup. Mais au bout d'un moment, on n'a plus faim. On coupe alors l'appareil et on profite de la chaleur.

À la fin de la soirée, tout le monde repart. Mais il reste encore beaucoup de fromage et Juliette ne finira pas tout. Ils **prévoient** de refaire une raclette vendredi prochain. Tout le monde rachète un peu de charcuterie, de vin et de pommes de terre. Et À la fin du repas, il reste de la charcuterie. Ils se disent qu'ils le finiront vendredi prochain. Et la malédiction de la raclette continue tout l'hiver.

Résumé : C'est l'hiver et il fait froid et sombre dehors. Pour se remonter le moral, Juliette propose à ses amis un plat traditionnel de chez elle : la raclette. Tout le monde aime la raclette et accepte avec plaisir. Mais ils ont oublié la malédiction de la raclette.

Summary: It's winter, it's cold and dark outside. To cheer everyone up, Juliette offers her friends to have a traditional dish: a raclette. Everybody loves raclette and gladly goes to her house. But they forgot about the curse of the raclette.

Liste de vocabulaire :

- Un hiver - Winter
- Célibataire - Single
- Délicieux - Delicious
- Fromage - Cheese
- Fondre (inf.) - To melt
- Toute l'année - All year long
- Ingrédients - Ingredients
- Cuire - To cook
- Installe (present tense, 3rd person singular) - To set up
- Faim - Hungry
- Boivent (present tense, 3rd person plural) - To drink
- Ensemble - Together
- Une assiette - A plate
- Prévoient (present tense, 3rd person plural) - To plan

Questions

1. La raclette est un plat qui se mange :

    a) En hiver
    b) Au printemps
    c) En été
    d) En automne

2. D'où vient la raclette ?

    a) D'Alsace
    b) De Provence
    c) De Bretagne
    d) De Savoie

3. Quand Juliette invite-t-elle ses amis ?

   a) Vendredi soir
   b) Samedi soir
   c) Dimanche soir
   d) Dimanche midi

4. Pourquoi ont-ils choisi de faire une raclette ?

   a) Parce qu'ils s'ennuient
   b) Parce qu'ils n'ont pas froid
   c) Parce qu'ils n'ont pas faim
   d) Parce que ça ne demande pas de préparation

5. Quel est le problème avec la raclette ?

   a) Ce n'est pas bon
   b) C'est froid
   c) On n'arrive pas À la finir
   d) C'est chaud

Réponses

1. The raclette is usually eaten:

A: En hiver - During winter

2. Where is it from?

D: De Savoie - From Savoy

3. When does Juliette invite her friends?

A: Vendredi soir - Friday night

4. Why did they choose to eat raclette?

D: Parce que ça ne demande pas de préparation - Because it requires no preparation

5. What's the problem with raclette?

C: On n'arrive pas À la finir - You can't finish it

Histoire 2

Cauchemar dans l'appartement - Hell's apartment

Baptiste et Anaïs veulent s'installer ensemble. Ils sont ensemble depuis trois ans et ils vont déménager à Tours. Anaïs est aide-soignante et Baptiste paysagiste. Ils ont un peu **d'argent de côté**, mais pas beaucoup. Ils voudraient trouver un appartement **deux pièces** pas trop chères dans le centre de Tours. Ils ont aussi besoin **d'une place de parking** pour leur voiture.

Début juin, ils vont dans quelques agences et **déposent** leur **dossier**. Ils regardent aussi les sites d'annonces immobilières. Ils trouvent quelques appartements qui les intéressent et appellent pour visiter. Malheureusement, les photos sont souvent **trompeuses**. L'appartement est fréquemment plus petit, ou plus **sombre** ou en pire **état** que sur les photos. Les photos étaient fréquemment prises il y a longtemps. Au bout de quelques semaines, Baptiste et Anaïs commencent à désespérer. Ils ont vu un appartement dit deux pièces qui était en fait un studio sous les toits. Ils ont aussi visité un appartement dont les toilettes étaient collées à la cuisine. Un autre appartement où l'aération était un trou dans le mur de la cuisine qui donnait sur l'extérieur.

Aujourd'hui, ils visitent un dernier appartement **semi-meublé**. Il se trouve au quatrième étage d'un **immeuble** ancien. La cuisine est assez spacieuse, le **salon** en longueur et il y a une belle chambre. Il est assez lumineux et il n'y a pas de trous dans les murs. Après en avoir discuté, ils déposent un dossier. Quelques jours plus tard, l'agent immobilier les appelle pour leur dire que leur dossier a été accepté par la propriétaire. Ils sont fous de joie.

Quelques semaines plus tard, ils emménagent dans leur nouvel appartement. Le déménagement n'est pas facile avec les quatre étages sans ascenseur, mais ils sont jeunes et leurs amis sont venus les aider. Ils n'ont pas trop d'affaires à part beaucoup de livres. La vie à deux peut enfin commencer.

Les mois passent vite quand on est heureux. Baptiste et Anaïs apprécient de pouvoir **vivre ensemble**. Ils ont trouvé leur rythme et suivent leur routine. Puis l'hiver arrive. Il fait très froid et Anaïs **allume** les radiateurs, mais ils ne **fonctionnent** pas. Elle contacte l'agence qui lui dit de réessayer. Elle allume les radiateurs plus fort et de la fumée noire en sort. Les radiateurs dégagent une mauvaise odeur. Quelques semaines plus tard, il y a un dégât des eaux dans l'appartement au-dessus. L'eau traverse le plafond et vient goutter chez eux. Les radiateurs fonctionnent mal et il fait toujours froid dans l'appartement. Anaïs et Baptiste **portent** plusieurs couches de vêtements. C'est l'humidité qui les fait craquer. Les murs sont humides et abîment leurs affaires.

Ça suffit. L'agence et la propriétaire ne veulent pas réagir. Ils donnent leur préavis de départ et décident de chercher un nouvel appartement. Celui-ci est à la limite de l'invivable. Ils déménagent à Poitiers et se montrent plus méfiants cette fois-ci. Quand on voit trop d'appartements horribles, le premier qui est un peu mieux paraît super. Ils retiennent la leçon.

Résumé : Anaïs et Baptiste sont un jeune couple qui cherche à s'installer ensemble. Ils cherchent un petit deux pièces dans le centre de Tours. Après quelque temps, ils arrivent enfin à trouver un appartement, mais ils ne sont pas au bout de leurs surprises.

Summary: Anaïs et Baptiste are a young couple looking to move in together. They are looking for a small one-bedroom apartment in the center of Tours. After a while, they find one but it's not exactly what they expected.

Liste de vocabulaire :

- De l'argent de côté - Savings
- Un deux pièces - A one-bedroom apartment
- Une place de parking - A parking spot
- Déposent un dossier (present tense, 3rd person plural) - To submit an application
- Trompeuse (fem.) - Misleading
- Sombre - Dark
- État - State
- Semi-meublé - Half-furnished
- Un immeuble - A building
- Un salon - A living room
- Vivre ensemble (inf.) - To live together
- Allume (present tense, 3rd person singular) - To turn on
- Fonctionnent (present tense, 3rd person plural) - To work
- Portent (present tense, 3rd person plural) - To wear

Questions

1. Pourquoi Baptiste et Anaïs cherchent-ils un appartement ?
    a) Parce qu'ils attendent un enfant
    b) Parce qu'ils veulent s'installer ensemble
    c) Parce que leurs parents leur demandent
    d) Parce qu'ils ont beaucoup d'argent

2. Les photos des annonces sont souvent :

    a) Réalistes
    b) De mauvaise qualité
    c) De bonne qualité
    d) Trompeuses

3. Quel est le problème avec leur appartement ?

    a) Il fait trop froid
    b) Il fait trop chaud
    c) Il n'y a pas d'électricité
    d) Il n'y a pas d'eau courante

4. Comment réagissent l'agent immobilier et la propriétaire ?

    a) Vite et bien
    b) Pas de réaction
    c) Ils disent que c'est la faute d'Anaïs et Baptiste
    d) Ils leur demandent de partir

5. Que se passe-t-il À la fin de l'histoire ?

    a) Anaïs et Baptiste restent dans l'appartement
    b) Anaïs et Baptiste déménagent à Tours
    c) Anaïs et Baptiste déménagent à Poitiers
    d) Anaïs et Baptiste ne savent pas quoi faire

Réponses

1. Why are Baptiste et Anaïs looking for an apartement?

B: Parce qu'ils veulent s'installer en semble - Because they want to move in together

2. The pictures in the ads are often

D: Trompeuses - Misleading

3. What's the problem with their apartment?

A: Il fait trop froid - It's too cold

4. How do the real estate agent and the owner react?

B: Pas de reaction - No reaction

5. What happens at the end of the story?

C: Anaïs et Baptiste déménagent à Poitiers - Anaïs et Baptiste move to Poitiers

Histoire 3

Un nouveau départ - A New Start

Sylvie et Christophe se sont rencontrés au travail. Ils ont travaillé ensemble sur un projet et se sont plus. Ils ont commencé à **sortir ensemble** discrètement. Ils sont **tombés amoureux** et **se sont mariés**. Depuis, ils ont eu deux enfants, Lucie, 11 ans, et Gisèle, 9 ans.

Aujourd'hui, la famille Dubois s'agrandit. Sylvie est à nouveau **enceinte**. Ils ont appris qu'elle **attend** des **jumeaux**. Leur petit appartement en région parisienne ne va pas suffire. **L'immobilier** est très cher et on n'a pas beaucoup de place. Ils gagnent bien leur vie, mais pas assez pour acheter ou **louer** un appartement 4 à 5 pièces. Ils veulent aussi **élever** leurs enfants dans une région plus jolie. Sylvie et Christophe viennent du sud de la France. L'arrivée des jumeaux les pousse à retourner dans leur région natale. Dans le sud de la France, ils peuvent acheter plus grand pour moins **cher**.

Pendant leurs vacances, ils rendent visite à leurs parents à côté de Marseille. Lucie et Gisèle sont très contentes de voir leurs grands-parents. Elles aiment le soleil et la mer.

Sylvie n'est enceinte que de trois mois, mais cela va prendre du temps de déménager. Sylvie et Christophe profitent des vacances pour **visiter** des maisons et des appartements. Ils cherchent un appartement ou une maison de 4 à 5 **pièces** de 100 **mètres carrés** minimum. Ils veulent une cuisine équipée et un chauffage central.

Les agences immobilières leur trouvent différents **biens** à visiter. Sylvie et Christophe laissent leurs enfants avec leurs grands-parents. C'est plus pratique pour visiter et discuter de leur projet. Ils visitent un bel appartement de 100 m² mais il est au quatrième étage sans **ascenseur.** Avec les jumeaux, ce ne sera pas possible. L'agent immobilier leur montre une maison avec piscine, mais elle est très éloignée du centre.

Sylvie et Christophe expliquent qu'ils sont un peu **pressés** et veulent trouver leur maison rapidement. L'agent immobilier leur dit qu'il y a une maison qui serait parfaite pour eux. Mais le propriétaire hésite un peu à vendre. Peut-être que si les Dubois montrent qu'ils sont une grande famille, le propriétaire acceptera.

Sylvie et Christophe sont d'accord. Ils veulent quand même visiter la maison d'abord. C'est exactement ce qu'ils cherchent. C'est une jolie maison provençale jaune. Elle fait 150 m² et elle est dans leurs prix. Il y a quatre chambres et une cuisine équipée.

Ils reviennent avec l'agent immobilier et leurs enfants. Sylvie explique aussi au propriétaire qu'elle attend des jumeaux. Ils seront bientôt six et ont besoin d'acheter une maison. Le propriétaire voit toute la petite famille. Il ne peut pas les laisser à la rue. La maison est un peu grande pour lui maintenant. Il se laisse convaincre et accepte de vendre la maison. Les Dubois rentrent chez leurs parents et leur annoncent la bonne nouvelle. À présent, il va falloir organiser le déménagement rapidement.

Résumé : La famille Dubois s'agrandit. Sylvie et Christophe ont déjà deux filles et Sylvie attend des jumeaux. Ils décident de quitter la région parisienne pour vivre dans le sud de la France. Mais il faut vite trouver une maison.

Summary: The Dubois are having twins. They already have two daughters. They will need a bigger house but Paris is too expensive. They decide to move back to the South of France but they need to be fast.

Liste de vocabulaire :

- Sortir ensemble (inf.) - To go out (as a couple)
- Tombés amoureux (past participle) - To fall in love
- Se sont mariés (perfect tense, 3rd person plural) - To get married
- Enceinte - Pregnant
- Attend (present tense, 3rd person singular) - To expect (a child)
- Jumeaux (masc.) - Twins
- L'immobilier - Real estate
- Louer (inf.) - To rent
- Élever - To raise
- Cher - Expensive
- Visiter (inf.) - To visit
- Une pièce - A room
- Mètres carrés - Square meters
- Un bien - A property
- Un ascenseur - An elevator
- Pressé - In a hurry

Questions

1. Pourquoi est-ce que la famille Dubois cherche un plus grand logement ?
   a) On leur demande de partir
   b) Sylvie est enceinte
   c) Lucie est enceinte
   d) Ils se sentent à l'étroit

2. Pourquoi est-ce qu'ils décident de retourner dans le Sud de la France ?

    a) Parce qu'il y fait beau
    b) Parce que c'est moins cher
    c) Parce que Christophe y a trouvé un travail
    d) Pourquoi pas

3. Qu'est-ce que Sylvie et Christophe veulent dans leur nouvelle maison ?

    a) Un garage
    b) Une piscine
    c) Des escaliers
    d) Un 4 à 5 pièces

4. Qu'est-ce qui n'allait pas avec le deuxième bien qu'ils ont visité ?

    a) 4e étage sans ascenseur
    b) Trop petit
    c) Trop grand
    d) Trop éloigné du centre

5. Qu'est-ce qui convainc le propriétaire de vendre la maison ?

    a) Le prix
    b) L'agent immobilier
    c) La famille nombreuse
    d) Le temps

Réponses

1. Why are the Dubois looking for a bigger home?

B: Sylvie est enceinte - Sylvie is pregnant

2. Why do they decide to move back to the South of France?

B: Parce que c'est moins cher - Because it's cheaper

3. What do Sylvie and Christophe want for their new home?

D: Un 4 à 5 pièces - A 4 to 5 room home

4. What was wrong with the first property they visited?

D: Trop éloigné du centre - To far from the city center

5. What convinces the owner to sell it to them?

C: La famille nombreuse - The large family

Histoire 4

La chasse aux œufs - Easter Egg Hunt

Pendant les vacances de Pâques, Delphine et Amory vont chez leurs grands-parents. Ils sont impatients de prendre le train et d'aller chez eux. Ils sont toujours **gâtés** par leurs grands-parents.

Delphine a 9 ans et Amory a 11 ans. Ils prennent le train **avec** leur père Romuald pour aller dans le sud-est. Ils prennent le TGV à la gare Montparnasse. Il va très **vite**, mais le voyage est quand même long. Il faut presque quatre heures pour arriver.

Delphine et Amory ont pris de quoi s'occuper dans le train. Amory lit et Delphine **dessine**. Le temps passe assez vite. Romuald lit aussi. Quand ils arrivent, les grands-parents, Janine et Michel, sont là pour les accueillir.

Janine et Michel sont **tellement** contents d'avoir leurs petits-enfants pour une semaine. Ils ramènent tout le monde chez eux. Romuald ne reste que pour le week-end. Il travaille lundi.

Ce week-end c'est la fête de Pâques et Janine et Michel ont préparé une chasse aux œufs de Pâques pour leurs **petits-enfants**. Ils ont acheté des œufs en chocolat et après le déjeuner, les ont cachés dans le jardin. Delphine et Amory sont restés dans leur chambre pour ne pas savoir où sont les œufs.

Quand Janine et Michel les appellent, ils arrivent en courant. Ils connaissent bien le jardin de leurs grands-parents et se mettent à **chercher**.

Delphine décide de regarder en hauteur, dans les haies et les bosquets. Amory préfère regarder près du sol, près des racines des arbres. Les œufs sont emballés dans du **papier** brillant, ils sont **faciles** à repérer. Delphine et Amory trouvent plusieurs œufs chacun. Ils déposent leur butin sur la table du jardin. Les grands-parents et leur père les regardent, joyeux. Au bout d'une demi-heure, Delphine et Amory reviennent tout contents. Michel compte les œufs et dit qu'il en manque deux.

Delphine et Amory repartent chercher. Delphine en trouve un caché derrière un nain en céramique et revient **fière**. Amory **continue à** chercher pendant un moment. Il voit un trou dans le sol et se dit que c'est là. Il **met** la main et **crie.** Romuald arrive en courant, inquiet. Amory se tient la main en regardant le trou. Romuald regarde ce qu'il y a dans le trou avec la **lumière** de son téléphone. Il voit un hérisson qui a l'air **fâché**. Amory lève les yeux et voit le dernier œuf caché dans le creux d'une branche. Il l'**attrape** et sourit. Il repart en courant pour montrer qu'il a trouvé le dernier œuf.

Romuald parle de sa trouvaille au fond du jardin et Janine lui répond que c'est le hérisson du jardin. Elle lui donne à manger de temps en temps, il ne **dérange** pas. Amory est tellement content d'avoir trouvé le dernier œuf, qu'il en a oublié qu'il avait mal.

Résumé : Amory et Delphine vont chez leurs grands-parents pour les vacances de Pâques. Pour l'occasion, leurs grands-parents leur ont préparé une chasse aux œufs de Pâques. Amory et Delphine sont déterminés à trouver tous les œufs.

Summary: Amory and Delphine are spending the Easter holidays at their grandparents'. For the occasion, their grandparents prepared them an Easter egg hunt in the garden. Amory and Delphine are determined to find them all.

Liste de vocabulaire :

- Gâté - Spoiled
- Avec - With
- Vite - Fast
- Dessine (present tense, 3rd person singular) - To draw
- Tellement - So
- Les petits-enfants - The grand children
- Chercher (inf.) - To look for
- Un œuf - An egg
- Un papier - A paper
- Facile - Easy
- Fière (fem.) - Proud
- Continue à (present tense, 3rd person singular) - To keep on
- Met (present tense, 3rd person singular) - To put
- Crie (present tense, 3rd person singular) - To scream
- Une lumière - A light
- Fâché - Annoyed
- Attrape (present tense, 3rd person singular) - To catch
- Dérange (present tense, 3rd person singular) - To disturb

Questions

1. C'est les vacances :
    a) De la Toussaint
    b) De Noël
    c) De Pâques
    d) D'été

2. Comment vont-ils à Dax ?

    a) En voiture
    b) En train
    c) En avion
    d) A pied

3. Pendant le trajet, Amory

    a) Dessine
    b) Joue
    c) Dort
    d) Lit

4. Qu'ont organisé leurs grands-parents ?

    a) Un bowling
    b) Un cinéma
    c) Une chasse aux œufs
    d) Un goûter

5. Que trouve Amory dans le jardin à part des œufs ?

    a) Un hérisson
    b) Un chat
    c) Un chien
    d) Un insecte

Réponses

1. Which holidays is it?

C: De Pâques - Easter Holidays

2. How do they go to Dax?

B: En train - By train

3. During the journey, Amory:

D: Lit - Reads

4. What did the grandparents prepare?

C: Une chasse aux oeufs - An Easter egg hunt

5. Apart from Easter egg, what does Amory find in the garden?

A: Un hérisson - A hedgehog

Histoire 5

Le tour du Mont Blanc - Touring the Mount Blanc

Lucile, Camille et Julie sont trois amies et **jeunes actives**. Elles aiment la montagne et la **randonnée**. **Cet** été, elles ont décidé de partir toutes les trois en vacances faire le tour du Mont Blanc à pied. Elles ont trouvé un tour opérateur qui leur **propose** de faire le tour du Mont Blanc en dix jours. Le tour commence et se termine à Chamonix. Elles **réservent** trois places et se préparent au voyage. L'avantage de ce tour opérateur, c'est qu'elles n'ont pas besoin de transporter leur sac de randonnée d'un refuge à l'autre. Le tour opérateur **s'en charge**. Elles n'ont qu'à garder leur sac à dos avec ce qu'il leur faut pour la journée.

Elles sont bien organisées et se sont répartis les achats avant de partir. Le repas du matin et du soir sont **compris** dans leur voyage mais pas le déjeuner. Elles achètent donc des sachets de nourriture pour manger le midi.

Le matin du départ, elles se retrouvent à la gare de Lyon et sont toutes excitées de partir. Après le TGV* jusqu'à Lyon, elles prennent un TER** qui les emmène au cœur de la montagne. On peut voir le Mont Blanc apparaître. Elles vont dans leur hôtel en attendant le lendemain, quand le voyage commencera.

Elles attendent à la gare de Chamonix le lendemain que quelqu'un vienne chercher leur **sac**. Ensuite, c'est parti pour la première

28

étape du voyage. 10 jours de marche avec 12 à 15 kilomètres par jours et 10 nuits dans un refuge en montagne.

Le premier jour annonce la couleur. On commence par une belle montée. Ça fait travailler les **cuisses**. Il fait beau et la montagne est belle. Elles sont en pleine nature et **respirent** le grand air. À la fin de la journée, elles sont bien contentes d'arriver. Le refuge est mignon, mais il faut faire vite pour **se doucher**. L'eau chaude est limitée. Les jours s'enchaînent et elles ne **se lassent** pas de voir la montagne.

Au fil des jours, elles commencent à **fatiguer**. Les jambes sont un peu crispées le matin. Elles se détendent au fur et à mesure de la marche. Il y a même des gens qui font le tour en courant ! Les filles ne vont pas au même rythme. Julie aime attaquer la pente dès le matin sans faire de pause. Camille est au milieu et prend des photos. Lucile, elle, prend le temps de marcher et d'admirer la vue. Cela a créé des tensions **au début**, mais il faut respecter le rythme de chacune.

Pendant ces dix jours, elles marchent en France, en Italie et en Suisse. Les Alpes sont belles de tous les côtés. À la fin, elles sont bien fatiguées, mais fières. Elles ont terminé le tour !

TGV : Train Grande Vitesse / High Speed Train

TER : Train Express Régional / Express Regional Train (much slower than the TGV)

Résumé : Trois amies décident de partir en vacances ensemble et de faire le tour du Mont Blanc en randonnée. Elles partent pour 10 jours de marche et vont passer par la France, l'Italie et la Suisse.

Summary: Three friends decide to go on holiday together and to hike around the Mount Blanc. They are leaving for ten days and will hike in France, Italy and Switzerland.

Liste de vocabulaire :

- Jeunes actives (fem.) - Young workers
- La randonnée - Hiking
- Cet (masc.) - This
- Propose (present tense, 3rd person singular) - To offer
- Réservent (present tense, 3rd person plural) - To book
- S'en charge (present tense, 3rd person singular) - To take care of
- Compris - Included
- Un sac - A bag
- Une cuisse - A thigh
- Respirent (present tense, 3rd person plural) - To breathe
- Se doucher (inf.) - To take a shower
- Se lassent (present tense, 3rd person plural) - To get tired of
- Fatiguer - To get tired
- Au début - At first

Questions

1. Quel est le lien entre Camille, Julie et Lucile ?
   a) Elles sont sœurs
   b) Elles sont cousines
   c) Elles sont amies
   d) Elles sont collègues

2. Que font-elles pour les vacances ?
   a) Elles vont à la montagne
   b) Elles vont à la plage
   c) Elles vont à l'étranger
   d) Elles vont à la campagne

3. Qu'est-ce qui n'est pas compris dans le voyage ?

   a) Le transport des sacs
   b) Le déjeuner
   c) Le dîner
   d) L'hébergement

4. Qu'est-ce qui est source de tension ?

   a) Le manque d'eau chaude
   b) Le logement
   c) La nourriture
   d) Leur rythme de marche

5. Par où ne passent-elle pas ?

   a) L'Italie
   b) L'Allemagne
   c) La Suisse
   d) La France

Réponses

1. What is the link between Camille, Lucile et Julie?

C: Elles sont amies - They are friends

2. What are they doing for the holidays?

A: Elles vont à la montagne - They go to the mountain

3. What is not included in their trip?

B: Le déjeuner - Lunch

4. What creates tension?

D: Leur rythme de marche - Their walking pace

5. Where do they not go?

B: L'Allemagne - Germany

Histoire 6

Le bon vieux temps - The Good Old Days

C'est l'été, il fait chaud et sec. José et Ferdinand se retrouvent pour aller **marcher**. Ils sont à la retraite depuis longtemps. José à 74 ans et Ferdinand 78 ans. Ils se connaissent depuis qu'ils sont tous petits. Ils **ont grandi** dans le petit village de Chénérailles en Creuse. C'est à la **campagne**.

Tous les soirs, ils se **promènent** le long des rues de leur petit village. Ils le connaissent par cœur. Ils sortent vers 18 heures quand la nuit commence à tomber et qu'il fait plus frais. José a besoin d'une canne pour marcher. Ferdinand lui n'en a pas besoin. Ils habitent dans la même rue. C'est souvent José qui vient chercher Ferdinand. Il arrive doucement et sonne chez son ami. Ferdinand l'attend déjà, prêt à partir.

Ils marchent vers le centre. Ils regardent autour d'eux les maisons grises. Le village n'a pas beaucoup changé. Il n'y a plus grand monde, **par contre**. Les rues sont calmes. C'est agréable de sortir le soir. Il fait bon. Ferdinand et José se rappellent leur **enfance**. Ils marchaient plus vite petit. Ils couraient même. Ils ont eu une belle vie, ils ne se **plaignent** pas.

José était peintre en bâtiment. Il a travaillé pendant longtemps sur les bâtiments administratifs. Ferdinand avait une épicerie. Il l'avait reprise de son père. Il vendait de la **nourriture**, de la **mercerie**, quelques **outils**. C'était à l'époque. Ils étaient mariés. José était marié à Bernadette, une secrétaire. Ferdinand était marié à Josette qui l'aidait dans l'épicerie.

Il y avait du monde dans le village quand ils étaient petits. Mais beaucoup de leurs camarades sont partis vers de plus grandes villes comme Paris. Ils **espéraient** faire fortune. Il n'y en a pas beaucoup qui ont réussi. José et Ferdinand n'ont jamais voulu **quitter** leur village. C'est chez eux.

Ferdinand et José arrivent enfin au café du village. Il y a une **partie** de belote ce soir. Leurs autres amis d'enfance sont déjà là. Tout le monde s'assoit. On fait les équipes. José et Ferdinand jouent ensemble. Ils surveillent Pierre et Josiane. Ils **trichent** souvent aux **cartes**. Chacun distribue les cartes à son tour. La partie avance. Tout le monde se tait. Sinon c'est trop facile de donner des indices à son partenaire. José et Ferdinand jouent ensemble depuis très longtemps. Ils connaissent le jeu de l'autre. Ils gagnent la partie. Les perdants paient un verre aux gagnants.

Le soleil est couché depuis un petit moment quand ils repartent. Ils rentrent chez eux par le même chemin. Ils sont heureux d'être **restés** dans leur village. Ils s'y sentent bien. Il y fait doux, on entend les oiseaux chanter et ils ont de bons amis. On n'a pas forcément besoin d'aller loin pour trouver le bonheur.

Résumé : José et Ferdinand sont deux vieux amis qui vivent dans la Creuse, dans le centre de la France. Ils sont retraités maintenant et vivent une vie calme et paisible qui leur plaît.

Summary: José and Ferdinand are two old friends. José is 74 and Ferdinand is 78. They live in the center of France, in Creuse. They have been retired for a while and enjoy a quiet and peaceful life.

Liste de vocabulaire :

- Marcher (inf.) - To walk
- Ont grandi (perfect tense - 3rd person plural) - To grow up
- La campagne - The countryside

- Tous les soirs - Every night
- Promènent (present tense - 3rd person plural) - To go for a walk
- Par contre - However
- Une enfance - A childhood
- Plaignent (present tense - 3rd person plural) - To complain
- La nourriture - Food
- La mercerie - Dry goods
- Un outil - A tool
- Espéraient (imperfect tense - 3rd person plural) - To hope
- Quitter (inf.) - To leave
- Une partie - A game
- Trichent (present tense - 3rd person plural) - To cheat
- Une carte - A card
- Restés (past participle) - To stay

Questions

1. Quelle est la tranche d'âge de José et Ferdinand ?
    a) Enfants
    b) Adolescents
    c) Adultes
    d) Personnes âgées

2. Où habitent-ils ?
    a) À la campagne
    b) À la montagne
    c) À la mer
    d) En ville

3. Est-ce qu'ils marchent souvent ?

    a) Une fois par semaine
    b) Deux fois par semaine
    c) Un jour sur deux
    d) Tous les jours

4. Ferdinand était :

    a) Peintre
    b) Électricien
    c) Propriétaire d'une épicerie
    d) Maçon

5. À quoi jouent-ils avec leurs amis ?

    a) Aux dés
    b) Aux cartes
    c) Aux fléchettes
    d) Aux mots croisés

Réponses

1. What age group are José and Ferdinand?

D: Personnes âgées - Old people

2. Where do they live?

A: A la campagne - In the countryside

3. Do they walk often?

D: Tous les jours - Every day

4. Ferdinand was

C: Propriétaire d'une épicerie - Owner of a grocery store

5. What game do they play with their friends?

B: Aux cartes - Cards

Histoire 7

À la bibliothèque - In The Library

Benoît est bibliothécaire depuis trois ans dans une **bibliothèque** de Bordeaux. Il y travaille cinq jours par semaine, de mardi à samedi. Il est responsable de la section pour adultes. Benoît aime les **livres** depuis tout petit. Sa mère l'emmenait à la bibliothèque tous les samedis. Il s'y sent comme chez lui. Il était donc **évident** pour lui de devenir bibliothécaire. Comme ça, il est entouré de livres tous les jours. Il aime le calme des bibliothèques. N'importe qui peut y aller et lire. C'est **gratuit**. C'est un des rares endroits où on peut encore aller gratuitement.

Tous les matins, quand il arrive, Benoît commence par ranger les livres en rayon. Il aime bien, ça le détend. Il s'assure que tout est en place. Dans la bibliothèque, il y a aussi une salle de travail pour les étudiants. C'est une **grande** salle avec des tables, des chaises et des **prises de courant**. Aujourd'hui, tout le monde vient avec un ordinateur ou un téléphone. Il faut souvent les **recharger**. La bibliothèque est aussi un endroit pour pouvoir travailler ou étudier dans le calme.

Depuis quelques semaines, Benoît a remarqué une jeune femme qui vient travailler dans la salle de travail tous les jours. Elle est brune et grande. Elle a des yeux marron et s'habille avec des vêtements colorés. Il la trouve très jolie, mais ne veut pas la déranger dans son travail. Il la salue quand elle entre et reprend son travail.

Un matin, Benoît range ses livres **comme d'habitude**. Aujourd'hui, il y en a beaucoup. Il monte sur une marche avec une **pile de livres** dans les bras. Il veut ranger les livres en haut de la bibliothèque. Il tient les livres entre ses bras et son **menton**. Ce n'est pas très stable. Il essaye d'attraper un livre pour le ranger, mais la pile lui échappe des mains. Tous les livres **tombent** par terre. Benoît s'en veut, car cela abîme les livres. Il commence à les **ramasser** et quelqu'un l'aide. Quand il relève la tête, il voit que c'est la jeune femme brune. Il la **remercie** et lui demande son nom. Elle lui répond qu'elle s'appelle Marianne. Il **se présente** et explique qu'il travaille à la bibliothèque. Il lui dit que si elle **a besoin** de quelque chose, il est là pour aider. Elle le remercie et retourne travailler à sa table. Benoît se dit qu'il a raté l'occasion de lui proposer d'aller prendre un café.

La journée passe doucement. Benoît est occupé à préparer un événement pour le club de lecture qui vient le jeudi. Il voit Marianne travailler sérieusement toute la journée. Vers 17 heures, il la voit ranger ses affaires pour partir. Il est assis à son bureau à l'accueil. Elle s'approche et lui dit.

-   Benoît, est-ce que ça vous dirait d'aller prendre un café un soir ?

Résumé : Benoît est un bibliothécaire heureux. Il adore les livres et aime son travail. Il peut vivre entouré de livres chez lui et au travail. Ces derniers temps, il a remarqué une jeune femme qui vient à la bibliothèque mais il ne sait pas comment l'aborder.

Summary: Benoît is a happy librarian. He loves books and he loves his job. He lives surrounded by books at home and at work. Lately, he has noticed a young woman who comes to the library, but he doesn't know how to approach her.

Liste de vocabulaire :

- Une bibliothèque - A library
- Livres - Books
- Évident - Obvious
- Gratuit - Free
- Grande (fem.) - Big
- Une prise de courant - A power outlet
- Recharger - To charge
- Comme d'habitude - As usual
- Une pile de livres - A pile of books
- Un menton - A chin
- Tombent (present tense, 3rd person plural) - To fall
- Ramasser - To pick up
- Remercie (present tense, 3rd person singular) - To thank
- Se présente (present tense, 3rd person singular) - To introduce oneself
- A besoin (present tense, 3rd person singular) - To need

Questions

1. Où travaille Benoît ?

    a) Dans un café
    b) Dans une librairie
    c) Dans une bibliothèque
    d) Dans un magasin

2. Qu'est-ce qu'il aime dans son travail ?

    a) Il est indépendant
    b) Il est entouré de livres
    c) Il ne travaille pas le dimanche
    d) Il y a du monde

3. A quoi ressemble la fille que Benoît a remarquée ?

   a) Elle est blonde aux yeux verts
   b) Elle est brune aux yeux verts
   c) Elle est blonde aux yeux bleus
   d) Elle est brune aux yeux marrons

4. Comment l'aborde-t-il ?

   a) Il ne sait pas comment faire
   b) Il va la voir dans la salle de travail
   c) C'est elle qui lui parle
   d) Quand elle sort de la bibliothèque

5. Comment décident-ils de prendre un café ?

   a) C'est elle qui l'invite
   b) Il lui envoie un email
   c) Il lui envoie un sms
   d) Il lui demande quand elle part

Réponses

1. Where does Benoît work?

C: Dans une bibliothèque - In a library

2. What does he like about his job?

B: Il est entouré de livres - He is surrounded by books

3. What does the girl he likes look like?

D: Elle a les cheveux et les yeux marrons - She is brown-haired with brown eyes

4. How does he approach her?

A: Il ne sait pas comment faire - He doesn't know how

5. How do they decide to have coffee?

A: C'est elle qui l'invite - She asks him out

Histoire 8

L'épreuve des soldes - The Sales Trial

On est en juin et c'est le début des **soldes**. Victor et Laurence ont quatre enfants et leur budget est un peu **serré**. Ils profitent toujours des soldes pour faire leurs achats de **vêtements** et de fournitures pour l'année. C'est les soldes d'été donc ils vont pouvoir acheter des vêtements d'été et des fournitures scolaires pour les enfants. S'ils ont le temps, ils s'achètent aussi quelques vêtements.

Quand on a quatre enfants, il faut être **efficace**. Victor va faire les magasin le matin avec Alban et Alexandre. Ils sont au collège. Les garçons ont besoin de deux tenues d'été et de leurs fournitures scolaires pour la rentrée. Laurence ira faire les magasins avec leurs filles Agathe et Adélaïde, l'après-midi. Les filles ont aussi besoin de vêtements d'été et de fournitures scolaires, mais elles sont en primaire.

Quand Victor arrive avec les garçons au **centre commercial**, il y a beaucoup de monde. Il leur dit de lui tenir la main. Ils vont **directement** dans un **magasin** de vêtements pour hommes. Victor leur dit de choisir trois t-shirts et 3 shorts. Ils vont ensuite les essayer en **cabine d'essayage**. Victor leur a promis une **glace** À la fin s'ils arrivent à faire tous leurs achats en deux heures. Les garçons sont motivés. Après les vêtements, il est temps de s'occuper des fournitures d'école. Victor a les listes fournies par l'école. Il a **vérifié** ce qu'il y avait déjà à la maison et entouré ce dont ils avaient besoin. Il faut acheter des cahiers, des classeurs, des agendas, des stylos et des surligneurs. Il y a aussi des fournitures pour l'art plastique comme de la peinture, des pinceaux, des feuilles, de l'encre de Chine et des plumes. Il fait attention au budget prévu, mais ça fait **beaucoup** de matériel. Ils finissent leurs achats au bout de deux heures et demie. Alban et Alexandre ont été **rapides** et calmes. Ils **méritent** bien leur glace. Quand ils rentrent pour le déjeuner, ils sont tous bien fatigués.

C'est au tour de Laurence d'y aller avec Agathe et Adélaïde. Il y a encore beaucoup de monde dans les magasins. Laurence emmène les filles dans leur magasin de vêtements **préféré**. Comme leurs **frères**, si Agathe et Adélaïde réussissent à finir en deux heures les achats, elles **auront** une glace. Elles sont très motivées. Leur mère les aide à choisir des tenues assorties. Elles essayent les vêtements en faisant un défilé de mode dans les cabines. Les filles et leur mère s'amusent bien. Elles oublient un peu le temps. Elles n'ont plus le temps d'acheter les fournitures scolaires. Laurence leur achète quand même une glace parce qu'elles ont été rapides aussi. Elle achètera les fournitures sur internet.

Le soir, quand tous les enfants sont couchés, Victor et Laurence s'assoient dans le canapé, bien fatigués. Heureusement qu'ils ne font pas les magasins souvent.

Résumé : C'est les soldes. Victor et Laurence, qui ont une famille nombreuse, en profitent pour faire leurs achats. Mais avec quatre enfants, il faut bien s'organiser pour réussir à tout faire dans les temps.

Summary: It's summer sales time. Victor and Laurence, who have a large family, make the most of it to buy everything their children need. But with four children, you need to be organized to do everything in one day.

Liste de vocabulaire :

- Les soldes (fem.) - Sales
- Serré - Tight
- Des vêtements (masc.) - Clothes
- Efficace - Efficient
- Un centre commercial - A shopping mall
- Directement - Straight
- Un magasin - A shop
- Une cabine d'essayage - A dressing room
- Une glace - Ice cream
- Vérifié (past participle) - To check
- Beaucoup - A lot
- Rapide - Quick
- Méritent (present tense - 3rd person plural) - To deserve
- Préféré - Favorite
- Frère - Brother
- Auront (future tense, 3rd person plural) - To have

Questions

1. Pourquoi font-ils les soldes ?
    a) Parce qu'ils aiment faire les magasins
    b) Parce qu'ils n'ont pas beaucoup d'argent
    c) Parce qu'ils ont beaucoup d'argent
    d) Parce qu'ils ont beaucoup d'enfants

2. Que veulent-ils acheter ?

    a) Des vêtements d'hiver et du matériel de sport
    b) Des meubles et du linge de maison
    c) Des vêtements d'été et des fournitures scolaires
    d) Des livres et des jeux

3. Comment s'organisent-ils ?

    a) Ils y vont par trois
    b) Ils y vont tous ensemble
    c) Victor y va seul
    d) Laurence y va seule

4. Quelle récompense gagnent les enfants s'ils sont rapides ?

    a) Un jouet
    b) Une glace
    c) Des chaussures
    d) Une peluche

5. Que se passe-t-il avec les filles ?

    a) Elles n'ont pas de glaces
    b) Elles n'ont pas le temps d'acheter des fournitures
    c) Elles n'ont pas le temps d'acheter des vêtements
    d) Elles vont voir un film à la place

Réponses

1. Why are they shopping during sales?

B: Parce qu'ils n'ont pas beaucoup d'argent - Because they don't have a lot of money

2. What do they want to buy?

C: Des vêtements d'été et des fournitures scolaires - Summer clothes and school supplies

3. How do they organize the shopping?

A: Ils y vont par trois - They go in groups of three

4. What treat do the children get if they are quick?

B: Une glace - Ice cream

5. What happens with the girls?

B: Elles n'ont pas le temps d'acheter des fournitures - They don't have time to buy school supplies

Histoire 9

La fête de la musique - Summer Music Festival

Gwenaëlle et Alexis se sont rencontrés à l'université et ils sortent ensemble depuis quelques semaines. C'est bientôt la fin de l'année universitaire et l'été arrive. Pour **fêter** l'arrivée de l'été, la fête de la musique est organisée dans toute la France le 21 juin, jour du solstice. Dans toutes les grandes villes et les villes moyennes, les **mairies** organisent des concerts. Il y a des **scènes** installées dehors ou des concerts dans les **salles de concert** partout. Dans les petites villes, c'est l'occasion pour les jeunes groupes de **se produire sur scène**.

Alexis a invité Gwenaëlle à fêter la fête de la musique avec lui et ses **amis**. Elle ne les a encore jamais rencontrés. Ils **se sont donné rendez-vous** sur la place principale. Alexis est en avance et attend Gwenaëlle. Il a mis un jean, des **chaussures** marron et un veston pour lui **plaire**. Gwenaëlle arrive peu après. Elle porte une **robe d'été** près du corps bleu ciel. Alexis est fier de la présenter à ses amis. Il l'**embrasse** puis lui prend la main. Ils rejoignent ses amis dans un bar sur la place.

Alexis présente Gwenaëlle à ses amis. Ils les connaissent depuis le lycée. Gwenaëlle est très bien accueillie. Les amis d'Alexis plaisantent en disant qu'Alexis a pris son temps pour se **trouver** une **copine**. Ils **discutent** en attendant que les concerts commencent. En général, il y a plusieurs événements. On peut se balader pour trouver un concert qui nous plaît.

Vers vingt heures, le groupe commence à marcher. Ils sont cinq et la foule est dense. Alexis tient la main de Gwenaëlle pour ne pas la perdre dans la foule. Ils trouvent une scène avec des groupes amateurs qui jouent. C'est pas mal, mais il y a trop de monde. Ensuite, ils écoutent un groupe de pop rock pendant quelque temps. Mais Alexis préfère la musique avant les années 80. Vers 23 heures, il y a trop de monde alors, ils décident d'aller dans leur repaire.

Les amis d'Alexis plaisantent en disant qu'elle a beaucoup de chance de découvrir leur repaire dès le premier soir. Gwenaëlle les suit dans les rues jusqu'à un petit bar caché. Ils entrent et **saluent** le propriétaire. Il leur ouvre une trappe avec un **escalier** qui descend vers le **sous-sol**. Gwenaëlle entre avec prudence. Elle découvre une grande salle cachée avec des tables et des chaises. Une belle fresque peinte sur le **mur** du fond et un jukebox dans un coin de la pièce.

-    Ici, c'est la fête de la musique quand on veut ! Dit Alexis

Gwenaëlle rit et choisit une musique des années 80 dans le jukebox. Le groupe réagit avec joie et tout le monde se met à danser.

Résumé : Gwenaëlle et Alexis viennent tout juste de commencer à sortir ensemble, et c'est la fête de la musique. Alexis l'invite à fêter ça avec lui et ses amis.

Summary: Gwenaëlle et Alexis just started going out. Today, it's the Summer Music Festival and Alexis invited Gwenaëlle to come enjoy it with his friends.

Liste de vocabulaire :

- Fêter (inf.) - To celebrate
- Une mairie - A city hall
- Une scène - A stage

- Une salle de concert - A concert hall
- Se produire sur scène - To perform on stage
- Un ami - A friend
- Se sont donné rendez-vous (perfect tense, 3rd person plural) - To arrange to meet
- Une chaussure - A shoe
- Plaire - To appeal
- Une robe d'été - A summer dress
- Embrasse (present tense, 3rd person singular) - To kiss
- Trouver (inf.) - To find
- Une copine - A girlfriend
- Discutent (present tense, 3rd person plural) - To chat
- Saluent (present tense, 3rd person plural) - To say hi
- Un escalier - A flight of stairs
- Un sous-sol - A basement
- Un mur - A wall

Questions

1. Depuis combien de temps Gwenaëlle et Alexis sortent ensemble ?

   a) Quelques semaines
   b) Deux mois
   c) Six mois
   d) Un an

2. Quand a lieu la fête de la musique ?

   a) Le 21 janvier
   b) Le 21 juin
   c) Le 21 septembre
   d) Le 21 décembre

3. Qui Gwenaëlle va-t-elle rencontrer ?

   a) Alexis
   b) Les parents d'Alexis
   c) Les amis d'Alexis
   d) Les sœurs d'Alexis

4. Quel genre de musique entendent-ils au festival ?

   a) De la pop rock
   b) De la musique classique
   c) De la musique des années 80
   d) De la techno

5. Comment finissent-ils la fête de la musique ?

   a) Ils rentrent tous chez eux
   b) Ils montent sur scène
   c) Ils écoutent un concert
   d) Ils dansent dans leur repaire

Réponses

1. How long have Gwenaëlle and Alexis been going out?

A: Quelques semaines - A few weeks

2. When does the Summer Music Festival take place?

B: Le 21 juin - On the 21st of June

3. Who is Gwenaëlle about to meet?

C: Les amis d'Alexis - Alexis' friends

4. What kind of music do they hear at the festival?

A: De la pop rock - Pop rock music

5. What do they end up doing?

D: Ils dansant dans leur repaire - They dance in their lair

Histoire 10

Un début difficile - A Rough Start

Fabrice est un jeune homme passionné de tennis. Il a décidé de **devenir entraîneur** pour apprendre à d'autres à bien jouer au tennis. Il espère entraîner un futur champion ou une future championne de France un jour.

Pour le moment, il suit une formation en alternance pour devenir entraîneur professionnel. Il **suit des cours** pendant la journée. Le soir et les week-ends, il entraîne dans un club. Il a trouvé un gros club qui a accepté de le prendre. Leur entraîneur, qui avait aussi créé le club, prenait sa retraite. Ils cherchaient un jeune entraîneur pour le former. Ils ont choisi d'engager Fabrice, car il était énergique et motivé.

Il **débute** complètement donc il a un peu de mal à faire cours. Il fait de son mieux et les joueurs l'**apprécient** beaucoup. Les parents et les enfants sont très contents car ses cours sont **amusants**. Il est **gentil** et **bienveillant** avec eux. Il essaye de donner confiance en eux aux enfants. Les adultes débutants sont aussi très satisfaits.

C'est un peu plus **compliqué** avec les adultes en confirmé. Il essaye de leur faire un cours à la hauteur, mais cela ne leur **convient** pas. Ils sont difficiles à satisfaire. Peu importe ce qu'il fait, ça ne convient pas. Le cours est **soit** trop dur, mais quand il ralentit la séance suivante, ce n'est pas assez dur. Fabrice s'arrache les cheveux avec ce groupe.

Les mois passent et Fabrice **gagne en assurance**. Ses élèves obtiennent de bons résultats en compétition. Il organise une sortie à Roland Garros, le plus grand tournoi de tennis de France, pour les enfants.

Un matin en janvier, le président lui demande de venir le voir avec le reste du bureau pour faire un point. Fabrice va voir le bureau après son cours. Il y a tout le bureau assis le long d'une table et une chaise pour lui en face. Ça ne sent pas bon. Le président lui explique qu'ils ne vont pas le **garder**, car les adhérents ne sont pas contents. Fabrice est très **surpris**, car tout le monde lui dit le contraire, sauf le groupe confirmé. Le président lui dit qu'ils ont fait un **sondage** en novembre qui dit le contraire. Fabrice rappelle que très peu de personnes ont répondu à ce sondage et seulement ceux qui n'étaient pas contents. Ce n'est pas suffisant. Le président lui répond que sa décision est prise.

Fabrice ressort abattu de cet entretien. Son contrat se **termine** À la fin du mois de janvier. Aucun club ne cherche d'entraîneur en plein milieu de la saison. Il va devoir se débrouiller pour tenir jusqu'à la saison prochaine.

Il rentre chez lui et réfléchit. Il avait pour projet de partir à l'étranger et voir ce que font les autres pays pour entraîner leurs joueurs. Il postule pour différents postes d'entraîneur. Il obtient un poste dans les Caraïbes. Il part l'été suivant. Maintenant, il travaille dans différents clubs qui apprécient son énergie et sa motivation. Ils sont contents d'avoir un jeune entraîneur. À la fin de la saison, on lui propose de rester définitivement.

Résumé : Fabrice est un jeune entraîneur en formation. Il adore le tennis et est très motivé. Un gros club l'a recruté pour le former, mais le club attend de lui d'être aussi bon que l'entraîneur précédent qui avait 40 ans d'expérience.

Summary: Fabrice is a young coach in training. He loves tennis and is motivated to do well. A big club hired him to train him and keep him but they already expect him to be as good as the former coach who had 40 years of experience.

Liste de vocabulaire :

- Devenir (inf.) - To become
- Un entraîneur - A coach
- Suit des cours (present tense, 3rd person singular) - To take a course
- Débute (present tense, 3rd person singular) - To start out
- Apprécient (present tense, 3rd person plural) - To like
- Amusant - Fun
- Gentil - Nice
- Bienveillant - Kind
- Compliqué - Complicated
- Convient (present tense, 3rd person singular) - To suit
- Soit - Either
- Gagne en assurance (present tense, 3rd person singular) - To become more confident
- Garder (inf.) - To keep
- Surpris - Surprised
- Un sondage - A poll
- Termine (present tense, 3rd person singular) - To end

Questions

1. Quel métier Fabrice veut-il faire ?

    a) Boulanger
    b) Cadre
    c) Entraîneur
    d) Professeur

2. Où donne-t-il cours ?

    a) Dans une école
    b) Dans un gros club
    c) Dans un petit club
    d) Dans une entreprise

3. Quel groupe n'est pas satisfait de son travail ?

    a) Les enfants
    b) Les parents
    c) Les débutants
    d) Les confirmés

4. Pourquoi est-ce que le président du club veut lui parler ?

    a) Pour le féliciter
    b) Pour le réprimander
    c) Pour le renvoyer
    d) Pour son anniversaire

5. Où Fabrice travaille-t-il À la fin ?

    a) Dans un club sur une île
    b) Dans le même club
    c) Dans une école
    d) Dans plusieurs clubs sur une île

Réponses

1. What job does Fabrice want to do?

C: Entraîneur - Coach

2. Where does he coach?

B: Dans un gros club - In a large club

3. Which group isn't satisfied with his coaching?

D: Les confirmés - The advanced group

4. Why does the president of the club want to see him?

C: Pour le renvoyer - To let him go

5. Where does Fabrice work at the end of the story?

D: Dans plusieurs clubs sur une île - In several clubs on an island

Histoire 11

La galette des rois - The Epiphany Cake

François prépare le petit-déjeuner pour ses deux enfants avant de les emmener à l'école. Pour Lilian, 6 ans, il a sorti des **céréales** et du **lait**. Pour Anna, 8 ans, il a fait griller des **tartines** et sorti de la **confiture**. Le petit-déjeuner est prêt, il faut aller vérifier que les enfants sont habillés. François monte les escaliers pour aller dans la **chambre** d'Anna qui finit de se préparer. Il va ensuite dans celle de Lilian. Lilian est en train de jouer, il a mis son t-shirt et son pantalon, mais il n'a qu'une chaussette.

- Lilian, mon bonhomme, il faut finir de **t'habiller** et venir prendre le petit-déjeuner.

- Oui, papa. Mais je me prépare pour aujourd'hui ! Dit le petit garçon avec enthousiasme.

- Tu te prépares à quoi ?

- Je me prépare à la galette des rois !

- C'est l'Epiphanie aujourd'hui ? Se demande François.

- L'Epi-quoi ?

- C'est le 6 janvier **la galette des rois** normalement.

- Et ?

- On est le 5.

- Moi, j'adore la galette !

- Je sais, mon bonhomme.

- Et je veux avoir la **fève** !

- Tu l'auras peut-être, mais pour ça, il faut aller à l'école. Finis de t'habiller maintenant.

- D'accord papa, dit Lilian en mettant sa **chaussette**.

Une fois que tout le monde a pris son petit-déjeuner, on met son **manteau** et son cartable et on va à l'école à pied, ce n'est pas très loin. François embrasse ses deux enfants avant de les laisser partir et de se rendre à son travail.

Lilian a du mal à **se concentrer** en classe, car il ne pense qu'à la galette de midi. Sa maîtresse le reprend plusieurs fois en train de dessiner des galettes dans son cahier.

Quand midi arrive, il a du mal à rester en rang avec les autres élèves. Il s'installe vite à table dans **la cantine** et mange vite pour arriver au dessert. Quand arrivent enfin les galettes, la maîtresse veut suivre la tradition. Pour choisir qui à quelle **part**, la personne la plus jeune se met sous la table. Ensuite, elle donne les **prénoms** des gens dans l'ordre qu'elle veut et les parts de galette sont données dans cet ordre. Ainsi, on ne peut pas **tricher** pour avoir la fève puisqu'on ne choisit pas sa part. Celui ou celle qui les choisit ne voit pas les parts. C'est un vrai hasard si on a la fève. C'est un rôle très important et Lilian espère être choisi. Quand la maîtresse choisit, tous les élèves lèvent la main, tout excités. Elle passe devant chaque table et désigne la personne la plus jeune. Malheureusement, à la table de Lilian, c'est Lola la plus jeune. Lilian se rassoit, déçu, mais il est vite excité à nouveau de savoir s'il aura la part avec la fève. Lola s'assoit sous la table. Tom **donne** les parts. Il en prend une et Lola lui dit à qui il doit la donner. Ils continuent jusqu'à ce que tout le monde soit servi. Tous les enfants se mettent à essayer de voir s'ils ont la fève, mais c'est difficile à dire, elle est souvent bien cachée dans la frangipane. Certains ouvrent leur part, ce qui n'est pas très bien vu. Lilian préfère manger sa part le plus vite possible pour voir s'il l'a. C'est aussi parce qu'il adore la frangipane. Il met une bouchée dans sa bouche et croque quelque chose de dur. Il a la fève ! Il la prend dans sa main et regarde ce que c'est, c'est une petite figurine de Spider-Man, son superhéros préféré ! On lui donne une couronne en carton doré comme aux autres enfants qui ont eu la fève. Lilian est tout fier. Même s'il n'a pas été choisi pour aller sous la table, il a eu la fève. C'est une bonne journée.

Résumé : Lilian a 6 ans et on est début janvier. Son école a annoncé faire la galette des rois aujourd'hui et Lilian est impatient de manger la galette des rois parce qu'il veut avoir la fève et être le roi du jour.

Summary: Lilian is six years old and it's the beginning of January. His school is giving an epiphany cake as dessert for lunch today and Lilian is impatient to have the cake and hopes to get the charm to become king of the day.

Liste de vocabulaire :

- Des céréales (fem.) - Cereal
- Le lait - Milk
- Une tartine - Bread and jam or butter
- La confiture - Jam
- La chambre - Bedroom
- T'habiller (inf., 2nd person singular) - Get dressed
- La galette des rois - Epiphany cake
- La fève - The charm
- Une chaussette - A sock

- Un manteau - A coat
- Se concentrer (inf.) - To focus
- La cantine - The cafeteria
- Une part - A slice
- Un prénom - The first name
- Tricher (inf.) - To cheat
- Donne (present, 3rd person singular) - To give

Questions

1. Qui est François ?

    a) Le père
    b) Le fils
    c) L'oncle
    d) Le grand-père

2. Quand les Français mangent-ils la galette des rois normalement ?

    a) Le 5 janvier
    b) Le 5 février
    c) Le 6 janvier
    d) Le 6 février

3. Comment donne-t-on les parts de la galette ?

    a) Chacun choisit sa part
    b) Le plus jeune va sous la table et dit qui a quelle part
    c) Le plus vieux va sous la table et dit qui a quelle part
    d) Le plus jeune va sur la table et dit qui a quelle part

4. Qui va sous la table ?

   a) Tom
   b) Lilian
   c) Anna
   d) Lola

5. Qui a la fève ?

   a) Anna
   b) Tom
   c) Lola
   d) Lilian

Réponses

1. Who is François?

A: Le père - The father

2. When do French people eat the Epiphany cake?

C: Le 6 janvier - 6th of January

3. How are slices given?

B: Le plus jeune va sous la table et dit qui a quelle part - The youngest person at the table sits under the table and says who gets which slice

4. Who goes under the table?

D: Lola

5. Who gets the charm?

D: Lilian

Histoire 12

Le Tour de France - The Tour de France

On est au **mois** de juillet. La première étape du Tour de France est lancée. C'est la plus grosse compétition de cyclisme de France. Des cyclistes du **monde** entier y participent. Elle dure 23 jours et il y a 21 étapes tout autour de la France.

Corinne, la maman, est une **passionnée de** cyclisme. Tous les dimanches, Corinne, Arnaud, son mari, et leurs enfants Antonin et Léa vont **faire du vélo**. Léa et Antonin en ont un peu marre de sortir faire du vélo. Les sorties sont longues et dures. Corinne a une idée pour les remotiver. Ils **suivent** de près le Tour de France tous les ans. La famille Martin n'habite pas à Paris. Ils n'ont donc pas pu assister au grand départ. Mais c'est une compétition qui traverse la France. Ils vont regarder les étapes loin à la télévision. Mais le jour où ils passent près de chez eux, Corinne et Arnaud décident d'y emmener leurs enfants.

Ils habitent à Clermont-Ferrand, dans le centre de la France. C'est une zone rurale calme. Le grand **événement** de l'année, c'est le Tour de France. En attendant le jour où les cyclistes arrivent à Clermont Ferrand, ils regardent tous les soirs les résultats de chaque étape.

Le parcours officiel est public. On peut s'installer sur un passage de l'étape et attendre de voir passer les cyclistes.

Le jour de l'étape à Clermont Ferrand, toute la famille se lève **tôt**. L'étape près de la famille Martin se **finit** à Clermont Ferrand.

Ils veulent voir la ligne d'arrivée. La famille Martin a calculé le meilleur **endroit** pour voir les cyclistes. Il faut arriver tôt pour avoir la meilleure place. La famille Martin est équipée. Ils ont prévu le pique-nique pour le midi et des chaises pliantes pour s'asseoir. Ils ont aussi des casquettes, des bouteilles d'eau et de la crème solaire à cause de la chaleur. Ce n'est pas leur premier Tour de France. Ils s'installent et suivent l'avancée des cyclistes sur un ordinateur. Après les cyclistes, il y a des voitures publicitaires qui **jettent** des petits cadeaux à la **foule**. Tout le monde est impatient.

Vers 15 heures, les cyclistes ne vont plus tarder. Les gens sont surexcités. Léa et Antonin espèrent attraper des cadeaux lancés par les voitures. On voit les cyclistes en tête arriver. Tout le monde voit leur fatigue. Ils ont l'air épuisés. Les gens autour les **encouragent**. C'est le dernier kilomètre. Il faut tenir bon. La famille Martin crie et saute pour montrer leur joie. Le cycliste en tête franchit la ligne et les deux suivants juste après. La foule crie de joie. Il y a plus de 150 cyclistes qui arrivent après les trois premiers. Ils n'ont pas gagné, mais la foule les **applaudit**. C'est une compétition **difficile**. 23 jours, 21 étapes, 150 à 200 kilomètres par étape. Réussir à finir les étapes est déjà un exploit.

La famille Martin reste jusqu'au **dernier** cycliste et l'applaudit. Ce n'est pas une défaite. C'est une leçon pour le futur. Le soir, Corinne et sa famille rentrent, heureux d'avoir vu cet événement. Les enfants se sentent remotivés pour les sorties à vélo du dimanche.

Résumé : Corinne est passionnée de cyclisme et sa famille partage sa passion. Mais quand ses enfants en ont un peu marre du vélo, Corinne sait quoi faire pour les remotiver.

Summary: Corinne is passionate about cycling and her family shares her passion. However, when her children grow tired of cycling, she knows what to do to motivate them again.

Liste de vocabulaire :

- Un mois - A month
- Le monde - The world
- Passionnée de (fem.) - Passionate about
- Faire du vélo - To cycle
- Suivent (present tense, 3rd person plural) - To follow
- Un événement - An event
- Tôt - Early
- Finit (present tense - 3rd person singular) - To end
- Un endroit - A place
- Jettent (present tense, 3rd person plural) - To throw
- La foule - The crowd
- Encouragent (present tense, 3rd person plural) - To cheer on
- Applaudit (present tense - 3rd person singular) - To clap
- Difficile - Hard
- Dernier - Last

Questions

1. Quel genre de compétition est le Tour de France ?
   a) De cyclisme
   b) D'équitation
   c) De course à pied
   d) De volley

2. Quand la famille Martin fait-elle du vélo ?
   a) Le mercredi
   b) Le vendredi
   c) Le samedi
   d) Le dimanche

3. Pendant le Tour de France, Clermont Ferrand est

    a) Le départ de l'étape
    b) Le milieu de l'étape
    c) L'arrivée de l'étape
    d) Pas sur le parcours

4. Que fait la famille Martin pour les cyclistes hors podium ?

    a) Elle les hue
    b) Elle les ignore
    c) Elle les applaudit
    d) Elle n'est plus là

5. À la fin de l'histoire, que pensent Léa et Antonin du vélo ?

    a) Ils veulent reprendre
    b) Ils veulent arrêter
    c) Ils veulent faire un autre sport
    d) Ils n'ont pas d'avis

Réponses

1. What kind of competition is the Tour de France?

A: Cyclisme - Cycling

2. When do the Martins' cycle?

D: Le dimanche - On Sundays

3. During the Tour de France, Clermont-Ferrand is

C: L'arrivée de l'étape - The finish line

4. How does the Martins' react towards the bicycle racers who didn't make it on the podium?

C: Elle les applaudit - They clap them

5. At the end of the story, how do Léa and Antonin feel about cycling?

A: Ils veulent reprendre - They want to resume cycling

Histoire 13

Une vie d'indépendance - An Independent Life

Jules et Louis sont deux amis qui ont grandi en banlieue parisienne. Ils ont eu leur bac récemment et partent étudier à Rennes. Jules va étudier dans une école d'ingénieur et Louis va étudier la médecine.

Pour la **première fois** de leur vie, ils vont vivre sans leurs parents et être indépendants. Ils sont **impatients** que ça commence et veulent voler de leurs propres ailes. Ils ont chacun obtenu un **logement** grâce au CROUS*. Ils ont un petit studio avec un petit espace **cuisine**, une mini **salle d'eau** et un lit. Ils ont droit à une **bourse** grâce à leurs bons résultats scolaires et leurs parents leur donne un peu d'argent tous les mois.

Début septembre, ils s'installent dans leur studio. Ils sont contents, ils sont au même **étage** et vont pouvoir passer leurs soirées ensemble à regarder des séries ou jouer aux jeux vidéo comme d'habitude. Ils déposent leurs affaires en vrac et décident d'aller **faire leurs premières courses**. Ils sont tous excités, car ils vont pouvoir choisir ce qu'ils veulent pour la première fois. Avec leurs parents, ils **portent** les courses, mais n'ont pas leur mot à dire sur ce qu'il y a dans le frigo.

Ils arrivent tout contents avec leurs sacs de course au supermarché. Ils prennent un caddie et se baladent dans les **rayons**. Ils veulent fêter leur nouvelle vie et décident de **se faire plaisir**. Ils achètent des bonbons, des gâteaux, des pâtes instantanées et vont payer à la caisse. Ils rentrent tout fiers et fêtent joyeusement leur liberté dans la chambre de Jules. Ils jouent à Fortnite avec leurs **ordinateurs** et mangent les bonbons et les gâteaux. Pas de parents pour leur dire que ce n'est pas sain comme repas.

Les jours passent, Jules et Louis commencent les cours et continuent de se **nourrir** comme ils veulent. Ils ne se refusent rien. Seulement, les parents de Louis lui ont appris à suivre ses comptes pour ne pas manquer d'argent. Quand Louis regarde ce qu'il lui reste comme argent pour le mois, après avoir acheté sans compter, il se rend compte qu'il va avoir du mal à finir le mois. Il décide d'en parler à Jules qui est probablement dans la même situation.

- Salut mec. Ça va ? Dit Louis en entrant dans le studio de Jules.

- Super et toi ?

- Justement, pas trop. J'ai regardé l'argent qu'il me reste pour le mois.

- Ah ouais ?

- On est le 15 du mois et il me reste 50€ pour la nourriture.

- Ah oui, c'est peu.

- Tu as regardé ce qu'il te restait, toi ?

Jules regarde son ami pendant un instant puis sort son **portable** et regarde ses comptes. Il lui reste à peu près la même chose.

- Bon, bah on a deux solutions, enfin trois même.

- Lesquelles ? Demande Louis.

- Soit on demande de l'aide à nos parents, soit on ne mange pas pendant une semaine, soit on fait attention et on cuisine.

- J'ai pas très envie d'annoncer à mes parents que j'ai besoin d'aide au bout de quinze jours...

- Moi non plus et je préfère manger.

- Bon, bah, on va se mettre à la cuisine alors.

- Si on fait les courses en commun, ça nous reviendra moins cher et on pourra sûrement tenir jusqu'À la fin du mois.

Jules et Louis font une liste de plats simples qu'ils savent préparer et retournent faire des courses en faisant attention aux prix cette fois-ci. Avec un peu d'efforts, ils parviennent à manger correctement jusqu'À la fin du mois et décident de continuer pour pouvoir se payer des sorties à côté.

Résumé : Jules et Louis sont deux amis qui partent étudier à Rennes, loin de leurs parents. Pour la première fois de leur vie, ils vont vivre sans leurs parents et devoir gérer leur quotidien et notamment leur budget.

Summary: Jules et Louis are two young friends who are leaving their hometown to go to Rennes to study. For the first time in their lives, they will live without their parents and they will have to manage on their own.

*CROUS: In higher education in France, the CROUS is a government organization that takes care of students. It gives scholarships, it offers halls of residence, student restaurants and receives foreign students.

Liste de vocabulaire :

- La première fois - The first time
- Impatient - Impatient
- Un logement - Accomodation

- Une cuisine - A kitchen
- Une salle d'eau - A bathroom (with only a shower, no bathtub)
- Une bourse - A scholarship
- Un étage - A floor
- Faire leurs premières courses - To go grocery shopping for the first time
- Portent (present, 3rd person plural) - To carry
- Un rayon - A section
- Se faire plaisir (inf.) - To treat oneself
- Un ordinateur - A computer
- Se nourrir (inf.) - To feed oneself
- Un portable - A cell phone

Questions

1. Pourquoi Jules et Louis vont-ils à Rennes ?
    a) Pour travailler
    b) Pour voyager
    c) Pour étudier
    d) Pour apprendre le breton

2. À Rennes, Jules et Louis habitent :
    a) Dans le même studio
    b) Au même étage
    c) Dans le même immeuble
    d) Dans le même quartier

3. Qu'est-ce que Jules et Louis achètent la première fois qu'ils vont au supermarché ?
    a) Des bonbons, des gâteaux
    b) Des pâtes et du riz

   c) Des fruits et des légumes

   d) Du chocolat

4. Que ne propose pas Jules à Louis pour réussir à finir le mois ?

   a) De continuer à dépenser sans compter

   b) De cuisiner

   c) De demander de l'argent à leurs parents

   d) De ne pas manger pendant une semaine

5. Quelle autre astuce utilisent-ils pour économiser de l'argent ?

   a) Ils ne sortent plus à côté

   b) Ils n'allument plus la lumière

   c) Ils ne mangent pas le midi

   d) Ils achètent leurs courses ensemble

Réponses

1. Why are Jules and Louis going to Rennes?

C: Pour étudier - To study

2. In Rennes, Jules and Louis live:

B: Au même étage - On the same floor

3. What do Jules and Louis buy the first time they go to the supermarket?

A: Des bonbons et des gâteaux - Candy and cookies

4. What doesn't Jules offer to Louis as a solution?

A: De continuer à dépenser sans compter - To carry on spending money recklessly

5. What other hack do they use to spend less money?

D: Ils achètent leurs courses ensemble - They buy their groceries together

Histoire 14

Le permis de conduire - Driving License

Justine habite dans l'est de la France, à Brumath, dans une ville à trente minutes en voiture de Strasbourg. Elle est ingénieure en informatique et vient d'obtenir un nouveau travail à Strasbourg. Elle va devoir **aller au travail** en voiture, car il n'y a pas beaucoup de **transports en commun** pour y aller. Le problème, c'est qu'elle n'a pas le permis de conduire. Elle a essayé de le passer plus jeune, mais elle l'a **raté** deux fois. Elle n'en avait pas besoin **au quotidien** alors, elle a un peu laissé tomber depuis. Elle a trois mois pour obtenir son permis de conduire avant de commencer son nouveau travail à Strasbourg.

Justine est un peu inquiète de trouver un bon moniteur **d'auto-école** pour réussir son permis en trois mois. La dernière fois, son **moniteur** n'était pas très clair et n'a pas réussi à répondre à ses questions. Elle a trouvé sur internet une auto-école qui propose des stages en accéléré pour passer son permis en deux mois.

Elle s'y rend et rencontre Yves, moniteur d'auto-école. Il lui explique comment il travaille et lui propose de faire une séance d'essai. Elle monte dans la voiture et prend le temps de vérifier ses **rétroviseurs** intérieurs et extérieurs. Elle met la clé dans le contact et **démarre** la voiture. Elle **desserre** le **frein à mains** et enclenche la première sur le **levier de vitesse**. Yves est détendu et lui parle avec calme. Il lui donne des instructions simples pour évaluer son niveau. Justine se détend doucement au volant. À la fin de l'heure de conduite, Yves lui propose de prendre une quinzaine d'heures de cours avec lui et des cours de code en parallèle. Justine accepte, elle se sent à l'aise avec ce moniteur.

Les semaines passent. Justine révise le **code de la route** en ligne. Elle fait deux heures de conduite **par semaine** avec Yves. Elle prend confiance en elle et retrouve de bons réflexes de conduite. Quand elle a une question, Yves lui répond simplement et clairement. Il se concentre sur ses difficultés. Il adapte ses cours pour qu'elle travaille, ce qui lui fait peur, comme l'autoroute.

Au bout d'un mois et demi, Justine passe le code de la route et le **réussit** sans problème. Elle obtient 38/40. Il suffit d'avoir 35/40 pour l'obtenir. Dans quinze jours, elle va passer l'examen pratique de conduite. Ce ne sera pas aussi facile.

Le grand jour est arrivé, Justine se lève tôt et arrive en avance à l'auto-école. C'est Yves qui l'emmène avec d'autres élèves à son **examen de conduite**. L'examen va se passer dans la voiture où elle a appris à conduire. Les élèves passent les uns derrière les autres. Justine est la dernière à passer. Elle se sent très stressée. Elle a vraiment besoin de réussir ce coup-ci.

L'examinateur l'appelle, c'est son tour. Elle monte dans la voiture et fait toutes les vérifications demandées. Elle démarre la voiture et sort de sa place de parking. Elle suit les instructions de l'examinateur qui lui dit où aller. Après vingt minutes d'examen, elle se gare à nouveau. L'examen est terminé. Yves ramène tout le monde à l'auto-école et leur dit qu'ils auront les résultats dans quelques jours.

Justine attend avec impatience les résultats. Elle pense avoir réussi. Elle garde son téléphone sur elle. Yves l'appellera quand il aura les résultats. Trois jours après l'examen, Yves l'appelle et lui annonce qu'elle a obtenu son permis. Justine est folle de joie. Elle se dit qu'elle a bien fait de réessayer, mais qu'il faut aussi avoir le bon professeur pour réussir.

Résumé : Justine a trouvé un nouveau travail, mais c'est à trente minutes de voiture de chez elle. Il n'y a pas beaucoup de transports en commun pour y aller. Le problème, c'est qu'elle n'a pas le permis de conduire.

Summary: Justine found a new job but it's a thirty-minute drive from her home. There is not a lot of public transportation around her house. The problem is she doesn't have her diving license.

Liste de vocabulaire :

- Aller au travail (inf.) - To go to work
- Un transport en commun - Public transportation
- Raté (past participle) - To fail
- Au quotidien - In everyday life
- Une auto-école - A driving school
- Un moniteur - An instructor
- Un rétroviseur - A rearview mirror
- Démarre (present tense, 3rd person singular) - To start
- Desserre (present tense, 3rd person singular) - To release
- Le frein à mains - The handbrake
- Le levier de vitesse - The gearshift
- Le code de la route - Driver's Manual
- Par semaine - A week
- Réussit (present tense, 3rd person singular) - To pass
- L'examen de conduite - The driving test
- L'examinateur - The examiner

Questions

1. Pourquoi est-ce que Justine passe le permis de conduire ?

   a) Elle en a besoin pour partir en vacances
   b) Elle en a besoin pour faire les courses
   c) Elle en a besoin pour aller travailler à Strasbourg
   d) Elle en a besoin pour aller travailler à Brumath

2. Combien de fois l'a-t-elle raté avant ?

   a) Une fois
   b) Deux fois
   c) Trois fois
   d) Quatre fois

3. En combien de temps Yves lui propose-t-il de préparer le permis ?

   a) Deux mois
   b) Trois mois
   c) Quatre mois
   d) Cinq mois

4. Dans quelle voiture se passe l'examen de conduite ?

   a) Dans une voiture neuve
   b) Dans une voiture prêtée par l'examinateur
   c) Dans la voiture où elle a appris à conduire
   d) Dans une voiture volée

5. Comment Justine apprend-elle qu'elle a réussi ?

   a) L'examinateur l'appelle
   b) Par internet
   c) Par sms
   d) Yves l'appelle

Réponses

1. Why is Justine taking her driving test?

C: Elle en a besoin pour aller travailler à Strasbourg - She needs it to go to work in Strasbourg

2. How many times has she failed her driving test before?

B: Deux fois - Twice

3. How long will it take her to prepare for her driving test with Yves?

A: Deux mois - Two Months

4. In which car does the driving test take place?

C: Dans la voiture où elle a appris à conduire - In the car where she learned to drive

5. How does Justine learn that she passed the test?

D: Yves l'appelle - Yves calls her

Histoire 15

Ker Breizh Crêperie - Brittany's Crêperie

Maëlys et Erwan sont un jeune couple de Bretons, fiers de leur région. Ils se sont **rencontrés** à l'université de Rennes. Ils se sont plus tout de suite et ne se sont plus quittés. Ils adorent leur région et ne la **quittent** jamais. Ils aiment les **maisons** avec les toits en tuile bleue et les façades blanches. Ils aiment sa cuisine et son caramel au beurre salé. Ils aiment la mer qui reste à 17 degrés, même en été.

Quelques années ont passé et ils pensent à reprendre la crêperie des parents de Maëlys. Ses parents veulent **prendre leur retraite**. Ils décident de faire un essai pendant l'été.

La crêperie se situe à Saint Malo et est assez connue. Pour s'y **préparer**, Erwan a appris à cuisiner avec le père de Maëlys. Maëlys, elle, a pris des cours du soir pour apprendre la comptabilité et la gestion. Ça leur tient à cœur de poursuivre la tradition familiale.

Les crêpes sont le plat breton traditionnel avec les galettes. Les galettes se mangent généralement comme plats. La garniture est salée. Les crêpes sont faites pour le dessert. On peut y mettre de la confiture, du miel, de la chantilly, des fruits. Tout ce que l'on veut. C'est une cuisine traditionnelle simple, mais variée. Évidemment, Maëlys et Erwan proposent du cidre, un alcool léger fait à base de pommes. C'est la boisson locale. Il existe le cidre doux, plus sucré, ou le cidre brut, un peu plus fort. Beaucoup de Bretons ne boivent que ça.

La Bretagne **attire** beaucoup de touristes **l'été**. Maëlys et Erwan décident donc de reprendre la crêperie début juin, pour s'habituer à un rythme soutenu. Erwan cuisine et Maëlys va **servir**.

Le mois de juin démarre doucement. Les premiers vacanciers arrivent d'un peu partout. Il y a surtout des Français, des Anglais et des Allemands. La Bretagne est trop **froide** pour les Italiens ou les Espagnols alors qu'elle paraît **chaude** aux Anglais et aux Allemands. Erwan trouve son rythme dans la cuisine et Maëlys fait de son mieux pour servir les clients au mieux.

Les mois de juillet et août sont plus difficiles. C'est la haute saison et la crêperie est toujours remplie. Pour faire face au nombre de clients, ils ont **embauché** une aide pour la cuisine et une autre **serveuse** pour l'été. La crêperie est ouverte de 12h à 22h sans interruption. Les pauses sont courtes et rares.

Le soir, quand la crêperie est fermée, ils rangent et nettoient tout. Ils mettent les chaises sur les tables. Avant de partir, ils s'assoient tous les deux en terrasse et boivent un **verre** de cidre. Tenir un restaurant est parfois **épuisant**, mais ils sont heureux que la crêperie ait du succès.

À la fin du mois de septembre, la haute saison est terminée. Maëlys et Erwan se demandent comment ils ont survécu. Ils ont eu beaucoup de clients tous les jours. Il y a eu des clients **aimables**, d'autres **désagréables**. Il y a eu des retards de livraison des commandes pour la cuisine. Il y a eu de la vaisselle cassée par accident. Il s'est passé beaucoup de choses ce premier été. Ils ont trouvé leur voie et sont prêts à continuer de faire vivre la crêperie familiale. Heureusement que les mois suivants vont être plus calmes.

Résumé : Maëlys et Erwan veulent reprendre la crêperie des parents de Maëlys. Ce sont de fiers bretons. Ils veulent poursuivre la tradition familiale. Ils décident d'essayer pendant l'été pour voir s'ils en sont capables.

Summary: Maëlys and Erwan want to take over the creperie of Maëlys' parents. They are proud of their origins and want to carry on family traditions. They decide to try it out over a summer to see if they can handle it.

Liste de vocabulaire :

- Rencontrés (past participle) - To meet
- Quittent (present tense, 3rd person plural) - To leave
- Une maison - A house
- Prendre leur retraite (inf.) - To retire
- Préparer (inf.) - To prepare
- Attire (present tense, 3rd person singular) - To attract
- Un été - Summer
- Servir (inf.) - To wait on
- Froide (fem.) - Cold
- Chaude (fem.) - Hot, warm
- Embauché (past participle) - To hire
- Une serveuse (fem.) - A waitress
- Un verre - A glass
- Épuisant - Exhausting
- Aimable - Pleasant
- Désagréable - Unpleasant

Questions

1. D'où viennent Erwan et Maëlys ?

    a) De Normandie

    b)   De Picardie

    c)   De Bretagne

    d)   De Provence

2. Pourquoi est-ce qu'ils reprennent le restaurant des parents de Maëlys ?

    a)   Parce que ses parents en ont marre

    b)   Parce que ses parents veulent prendre leur retraite

    c)   Parce que ses parents veulent vendre le restaurant

    d)   Parce que ses parents n'aiment pas la Bretagne

3. Quelle période est la plus difficile ?

    a)   Janvier-février-mars

    b)   Avril-mai-juin

    c)   Juillet-août-septembre

    d)   Octobre-novembre-décembre

4. Qu'est-ce qui n'est pas arrivé pendant l'été ?

    a)   Il y a eu du retard sur les commandes en cuisine

    b)   Il y a eu de la vaisselle cassée

    c)   Il y a eu des clients désagréables

    d)   Il y a eu un incendie

5. Que décident-ils À la fin de l'histoire ?

    a)   Ils veulent continuer à s'occuper de la crêperie

    b)   Ils veulent ouvrir une autre crêperie

    c)   Ils ne veulent pas reprendre la crêperie

    d)   Ils vendent la crêperie

Réponses

1. Where are Maëlys and Erwan from?

C: De Bretagne - From Brittany

2. Why are they taking over her parents' restaurant?

B: Parce que ses parents veulent prendre leur retraite - Because her parents want to retire

3. Which period is hardest ?

C: Juillet-août-septembre - July, August and September

4. What did NOT happen during the summer?

D: Il y a eu un incendie - There was a fire

5. What do they decide at the end of the story?

A: Ils vont continuer à s'occuper de la crêperie - They will carry on running the crêperie

Histoire 16

Vol de retour - Flight Home

Philippe a soixante-cinq ans. Il a travaillé chez Air France pendant quarante ans et il est à la retraite depuis deux ans. Il a **d'abord** été co-pilote sur des courts vols en Europe. **Après** quelques années, il est devenu pilote sur ces longs courriers. En fin de **carrière**, il était commandant de bord sur les longs courriers.

La vie de pilote est palpitante. On change de destination sans cesse. Un jour, on est à new York, la semaine suivante à Tokyo. On vit plus dans le ciel que sur terre. Ça demande beaucoup de **compétences**. Il faut aussi avoir du sang froid en cas de turbulences.

Philippe est allé partout dans le monde. Il a voyagé vers tous les continents. Si le vol était court, il repartait souvent quelques heures après. Si le vol était long, on lui donnait **quelques jours** sur place pour se reposer. Il est allé plus de 50 fois à Tokyo, 30 fois à New York.

Aujourd'hui, il profite de sa retraite et vit au soleil, dans les Caraïbes. Il a acheté un petit appartement où il vit toute l'année. Mais comme c'est Noël, il a décidé de rentrer en France pour voir ses enfants. Il a contacté un pilote qu'il connaît. On lui a trouvé une **place** sur un **vol** qui part le 22 décembre et arrive le 23 à Paris.

Le 22, il prépare sa valise et se rend à l'aéroport en taxi. Il **enregistre** ses bagages puis passe la **douane**. Il traverse les magasins duty free et s'installe dans la zone d'embarquement. Il a l'impression d'être chez lui. Il connaît les aéroports par cœur. Même s'il n'était pas du côté passager pendant longtemps.

Il a quelques heures d'avance et décide d'appeler son ami pilote. Il pourrait le retrouver directement dans le cockpit. Quand il l'appelle, son ami ne répond pas. Il est peut-être occupé à préparer le vol.

Le temps passe et Philippe remarque de l'agitation près de la **porte d'embarquement** de son avion. Les hôtesses de l'air se parlent et sont au téléphone. Il s'approche doucement et se présente.

On lui explique que le pilote est **malade**. Il est **coincé** dans sa chambre d'hôtel. Malheureusement, ils sont sur une petite île. Le co-pilote peut piloter l'avion mais il a besoin d'un co-pilote. En pleine période de fin d'année, il n'y en a pas d'autre **disponible**. Philippe explique qu'il est lui-même pilote et qu'il peut aider.

Le co-pilote, Thomas, arrive et reconnaît Philippe, c'est son ancien instructeur. Il appelle Air France pour obtenir l'autorisation de voler avec Phillipe comme co-pilote. Les responsables d'Air France hésitent. C'est un peu dangereux. Philippe leur explique qu'il a quarante ans d'expérience.

Les voyageurs autour commencent à s'inquiéter et à s'énerver. Ils ne veulent surtout pas rater Noël. Tous les vols sont pleins. Ils ne pourront pas partir **avant** le 27 décembre sinon. Thomas fait remarquer à Air France que faire patienter plus de cinq cents personnes va coûter cher. Il va falloir leur payer l'hôtel, les repas, rembourser leurs billets. Après avoir vérifié le dossier de Philippe, on les autorise à **décoller**.

Le vol se passe sans problème et **atterrit** à l'heure à Paris le 23 décembre. Les voyageurs sont contents d'être arrivés.

- Au revoir, Thomas. Tu as eu le bon argument pour convaincre Air France de nous laisser décoller.

- Moi non plus je ne voulais pas rater Noël. Ma femme et ma fille m'attendent.

Résumé : Philippe est un ancien pilote retraité. Il vit dans les Caraïbes, mais décide de rentrer en France pour Noël. Il contacte un ami encore pilote qui lui propose de le rejoindre sur son vol. Mais le vol de retour ne se passe pas comme prévu.

Summary: Philippe is a retired pilot. He lives in the French West Indies but decides to go back to France for the holidays. He calls a friend who is still a pilot. His friend offers him to join him on the flight however, the flight home doesn't exactly go as planned.

Liste de vocabulaire :

- D'abord - First
- Après - After
- Une carrière - A career
- Une compétence - A skill
- Quelques jours - A few days
- Une place - A seat
- Un vol - A flight
- Enregistre (present tense - 3rd person singular) - To check in
- La douane - Customs
- Une porte d'embarquement - Boarding Gate
- Malade - Sick
- Coincé - Stuck
- Disponible - Available
- Avant - Before
- Décoller - To take off
- Atterrit (present tense - 3rd person singular) - To land

Questions

1. Quel était le dernier poste de Philippe ?

    a) Commandant de bord
    b) Co-pilote
    c) Chef de cabine
    d) Responsable marketing

2. La vie de pilote est :

    a) Ennuyeuse
    b) Répétitive
    c) Palpitante
    d) Chaotique

3. Pourquoi est-ce que Philippe prend l'avion ?

    a) Pour aller à New York
    b) Pour rentrer en France pour Noël
    c) Pour voir des amis au Brésil
    d) Pour aller skier au Canada

4. Quel est le problème avec son vol ?

    a) Le moteur de l'avion est cassé
    b) Il n'y a pas d'avion disponible
    c) Le vol est annulé
    d) Le pilote est malade

5. Comment le problème est-il résolu ?

    a) Air France annule le vol
    b) Philippe est co-pilote
    c) Un pilote d'une autre compagnie arrive
    d) Ils ne trouvent pas de solution

Réponses

1. What was Philippe's job at the end of his career?

A: Commandant de bord - Captain

2. The life of a pilot is:

C: Palpitante - Thrilling

3. Why does Phillipe go on a plane?

B: Pour rentrer en France pour Noël - To go back to France for Christmas

4. What's wrong with his flight?

D: Le pilote est malade - The pilot is sick

5. How do they fix the problem?

B: Philippe est co-pilote - Philippe is the co-pilot

Histoire 17

La rentrée des classes - First Day Back to School

Amélie a 25 ans, elle a fini ses études et a réussi le concours pour devenir **professeure** de français. Elle a toujours rêvé d'**enseigner**. Depuis toute petite, elle se prépare à ce **métier**. Elle a toujours adoré **la rentrée**. Le mois de septembre est un moment particulier en France. C'est la fin de l'été et la reprise des cours. C'est un véritable événement.

Être professeure, c'est le plus beau des métiers pour Amélie. Pour elle, c'est donner une chance à tous de **réussir**. C'est d'ailleurs ce qu'il s'est passé pour elle. Elle vient d'une famille modeste. Ses parents n'ont pas pu faire d'études. Ils ont travaillé toute leur vie. L'école lui a permis de changer son avenir. Elle était curieuse d'apprendre et attentive. Elle a eu de bonnes notes et a pu faire des études. Maintenant, elle peut faire la même chose pour d'autres.

Cette rentrée est sa première rentrée officielle. Elle était **stagiaire** l'année dernière. Sa **tutrice** l'a beaucoup aidée à comprendre le métier. Elle l'a accompagnée pendant un an. À présent, il est temps pour Amélie de s'occuper de ses classes seule.

Le matin de la rentrée, elle prépare son sac. Elle a toujours adoré la papeterie. Choisir ses **fournitures** pour l'année est un de ses moments préférés. Elle prend son **agenda**, sa **trousse**, ses **stylos**. Elle prépare son **classeur** et ses **cahiers**. Elle adore l'odeur de papier neuf. Elle se rend au lycée où elle va enseigner.

Elle est impatiente et stressée en même temps. Ce n'est pas facile d'intéresser des adolescents. Les premiers cours sont très importants. Il faut réussir à créer un lien avec les élèves. Il faut leur montrer qu'on est bienveillant, mais strict. Il faut leur faire comprendre l'intérêt de la matière.

La première semaine de cours est souvent assez lente. Les élèves reprennent le rythme. Ils ont besoin de temps. On fait des choses simples. On **révise** ce qui a été vu l'année précédente. Ça permet de faire un point et de voir où en sont les élèves.

Ensuite les semaines passent vite et le rythme s'accélère. Ce n'est pas facile d'avancer sur le programme et de s'assurer que tous les élèves suivent. La fatigue des élèves se fait sentir. Les premiers contrôles tombent. Le stress augmente pour les élèves.

Amélie passe des heures le soir et les week-ends à préparer ses cours. Elle essaye de les rendre accessible à tous ses élèves. Certains de ses élèves ont un niveau correct et s'en sortent. D'autres ont beaucoup de mal à suivre. Elle s'inquiète beaucoup pour ses élèves. C'est pour eux qu'elle est là. Elle se bat contre l'injustice. Ils n'ont pas eu les mêmes chances à la naissance. Elle veut justement les aider.

Les mois passent et Amélie continue à travailler dur en classe et **en dehors** de la classe. Elle essaye d'emmener tous ses élèves sur la voie de la réussite. Au mois de juin, l'année scolaire est finie. Amélie est très fatiguée mais aussi contente. Elle a réussi à aider des élèves qui avaient beaucoup de difficultés. Ils ont bien progressé.

Aujourd'hui, c'est le dernier jour des cours. Elle a prévu de faire un goûter et des jeux avec ses élèves. Ils arrivent tout joyeux. Les vacances arrivent, ils sont contents. À la fin de l'heure, les élèves sortent. Amélie les regarde partir et s'assoit à son bureau. Elle remarque un petit paquet laissé sur son bureau. Elle l'ouvre et y trouve des mots écrits par ses élèves.

Merci madame pour cette super année

Merci de m'avoir aidée à comprendre le français

Grâce à vous, j'aime le français maintenant !

Ils n'ont pas tous écrits des mots, mais c'est déjà beaucoup. Amélie rentre chez elle joyeuse. Elle commence déjà à préparer l'année prochaine.

Résumé : Amélie est une jeune professeure de français qui fait sa première rentrée au lycée. Elle a toujours voulu être professeure. L'école a changé sa vie. Elle espère pouvoir aider le plus d'élèves possibles.

Summary: Amélie is a young French teacher. It's her first year as a teacher. She has always wanted to teach because school changed her life. She hopes to help as many students as possible.

Liste de vocabulaire :

- Un professeur - A teacher (from middle scool)
- Enseigner (inf.) - To teach
- Un métier - A profession
- La rentrée - First day back
- Réussir - To succeed
- Un stagiaire - An intern
- Une tutrice (fem.) - A tutor
- Fournitures (fem.) - Office supplies
- Un agenda - A diary
- Une trousse - A pencil case

- Un stylo - A pencil
- Un classeur - A ring binder
- Un cahier - A notebook
- Révise (present tense - 3rd person singular) - To review
- En dehors - Outside

Questions

1. Pourquoi est-ce que le mois de septembre est important ?

    a) C'est la rentrée des classes
    b) C'est la fin de l'été
    c) C'est le début de l'automne
    d) Ce n'est pas important

2. Pourquoi Amélie est-elle devenue professeure ?

    a) Pour avoir beaucoup de vacances
    b) Elle ne savait pas quel métier choisir
    c) Pour donner une chance à tous les élèves
    d) Pour faire comme ses parents

3. Qu'est-ce qui n'est pas difficile dans le métier de professeur ?

    a) Finir le programme
    b) Que tous les élèves suivent
    c) Intéresser les élèves
    d) Préparer le goûter

4. Qu'organise Amélie le dernier jour ?

    a) Un goûter
    b) Une sortie
    c) Un cours normal
    d) Un concours de chant

5. À la fin de l'année, Amélie reçoit

a) Des chocolats
b) Des mots de ses élèves
c) Rien
d) Des stylos

Réponses

1. Why is September important?

A: C'est la rentrée des classes - It's the First Day Back to school

2. Why did Amélie choose to become a teacher?

C: Pour donner une chance à tous les élèves - To give a chance to all students

3. What is not difficult as a teacher?

D: Préparer le goûter - Preparing snack time

4. What does Amélie organize on the last day?

A: Un goûter - A big snack with the class

5. At the end of the school year, Amélie receives:

B: Des mots de ses élèves - Card from her students

Histoire 18

Le parc Astérix - Asterix theme park

Le grand jour est enfin arrivé ! Émilie et Amandine attendent ça depuis des mois. Pour Noël, les deux soeurs ont demandé à aller au Parc Astérix. Mais le parc n'est **ouvert** qu'au printemps et en été.

Émilie et Amandine sont fans des BDs et des dessins animés depuis qu'elles sont toutes **petites**. Elles les ont toutes lues. Elles ont toute la collection et les **lisent** souvent. L'histoire **se passe** au temps des Gaulois. Toute la Gaule a été conquise sauf le village d'Astérix qui résiste grâce à une potion magique. **Chaque** bande dessinée est une aventure avec un autre **peuple**.

C'est un parc d'attractions à ciel ouvert. La **plupart** des attractions sont des jeux d'eau où l'on finit mouillé. Il vaut mieux y aller quand il fait beau. C'est un parc dédié aux **personnages** de la série de bande dessinée très populaire, Astérix.

Le parc Astérix **existe** depuis le début des années 1990. Émilie et Amandine étaient un peu petites pour y aller jusque-là. Elles n'auraient pas pu faire beaucoup d'attractions. Mais aujourd'hui, elles sont assez grandes. Elles ont 13 et 14 ans. Elles vont enfin pouvoir y aller. Dans la **voiture**, elles parlent des attractions qu'elles vont faire avec excitation. Elles ont prévu tout un programme depuis des mois.

A l'approche du parc, on peut voir une **énorme** statue du personnage principal, Astérix. Les filles sont surexcitées. Elles courent presque jusqu'à l'entrée. Leurs parents ont du mal à les suivre. Elles prennent un plan du parc et commencent leur itinéraire.

Elles avaient fait leur choix mais maintenant qu'elles sont sur place, elles veulent tout faire. Il y a le village d'Astérix où on peut **prendre des photos** avec les personnages. **Il y a** les montagnes russes un peu partout dans le parc. Il y a le Menhir Express ou le Grand Splash. Des attractions très amusantes qui vous arrosent. Il y a aussi différents spectacles. Les filles en ont la tête qui tourne. Tout a l'air super. Elles décident de choisir au hasard. Tout est numéroté sur le plan. Chacune dit un nombre. Une attraction et un spectacle, c'est un bon début.

La matinée passe à toute vitesse. Elles continuent de dire des nombres au hasard pour décider. Elles découvrent des endroits inattendus et parcourent le parc.

Pour le déjeuner, la petite famille va au restaurant. Cela fait une pause bien méritée. Leurs parents voient qu'elles commencent à fatiguer. Ils proposent d'aller voir un autre spectacle après manger. Comme ça, elles pourront se reposer en s'amusant.

Le reste de la journée passe très vite. Elle se termine sur le spectacle de fin avec tous les personnages de la bande dessinée. Dans la voiture, les filles racontent toutes excitées tout ce qui leur a plu dans la journée. Elles ont fait tellement de choses qu'elles ont du mal à **se rappeler** de tout. C'était vraiment une journée magique. Ça valait la peine d'attendre d'être assez grande pour pouvoir en profiter.

Résumé : Émilie et Amandine sont deux grandes fans de la bande dessinée Astérix. Elles veulent aller au parc Astérix depuis des années mais elles étaient trop petites pour pouvoir vraiment en profiter.

Summary: Emilie and Amandine are big fans of the French comic book Astérix. they have wanted to go to the Astérix theme park for years but they were a bit young. But today is the day!

Liste de vocabulaire :

- Ouvert - Open
- Petite (fem) - Young/Little
- Lisent (present tense, 3rd person plural) - To read
- Se passe (present tense, 3rd person singular) - To take place
- Chaque - Each
- Un peuple - A people
- La plupart - Most
- Un personnage - A character
- Existe (present tense, 3rd person singular) - To exist
- Une voiture - A car
- Énorme - Huge
- Prendre des photos - To take pictures
- Il y a - There is/are
- Se rappeler (inf.) - To recall

Questions

1. Astérix est un personnage :
    a) De roman
    b) De film
    c) De bande dessinée
    d) Réel

2. Emilie et Amandine sont :

    a) Cousines
    b) Amies
    c) Soeurs
    d) Voisines

3. Qu'est-ce qu'il se passe quand elles arrivent au parc ?

    a) Le parc est fermé
    b) Le parc est en travaux
    c) Elles suivent leur programme
    d) Elles changent leur programme

4. Que font-ils pour le déjeuner ?

    a) Ils vont au restaurant
    b) Ils mangent des sandwichs
    c) Ils n'ont pas faim
    d) Ils sortent du parc pour déjeuner

5. Comment se sentent-elles À la fin de la journée ?

    a) Heureuses
    b) Fatiguées
    c) Énervées
    d) Déçues

Réponses

1. Astérix is a character from:

C: Une bande dessinée - A comic book

2. Emilie and Amadine are:

C: Soeurs - Sisters

3. What happens when they arrive at the park?

D: Elles changent leur programme - They change their plans

4. What do they do for lunch?

A: Ils vont au restaurant - They go to the restaurant

5. How do the girls feel at the end of the day?

A: Heureuses - Happy

Histoire 19

Une vie simple - A Simple Life

Anthony se prépare à travailler sur un **bateau** de croisière pendant deux mois. Il est marin et fait ce travail **depuis** cinq ans. Il a été engagé sur le *Bleu Blanc Rouge*. C'est un bateau de croisière qui **fait le tour** des Caraïbes. Il connaît bien l'équipage. Mais cette année, il n'a pas très envie d'y aller. C'est le cinquième été qu'il fait ces croisières. C'est le même parcours chaque semaine. La seule chose qui change, c'est les touristes.

Il travaille sur un bateau immense haut de vingt étages. On y trouve tout. Il y a plusieurs restaurants, une **piscine** avec toboggan, plusieurs **salles de sport**. C'est une ville sur l'eau. Le bateau est énorme. Il est souvent plus grand que le port où il accoste. Surtout dans les Caraïbes car les ports sont assez petits.

Il monte sur le bateau un matin et reprend la routine. Il se lève tôt, suit les ordres du capitaine. Il **s'assure** que la traversée se fasse sans danger. Le bateau parcourt beaucoup de kilomètres en peu de temps. En huit jours, ils font la Guadeloupe, la Martinique, Grenade, Barbados et Sainte Lucie. C'est un voyage express.

Au bout d'un mois, Anthony regarde les touristes aller et venir du bateau sans envie. Il aime la mer et il est bon marin. Mais il n'aime pas trop ces énormes bateaux qui font toujours le même tour. On veut vous montrer 5 à 6 îles en huit jours. Finalement, on ne voit pas grand-chose. Il faut du temps pour découvrir chaque île. Anthony aimerait prendre le temps de découvrir chaque île. Mais il n'a que quelques heures de libre sur chaque île.

Il décide de **sortir** un soir sur l'une d'entre elles. Une fois qu'il a débarqué, il **se retourne** et voit l'énorme bateau. Il fait tache dans le paysage. Il est trois **fois** plus grand que le plus grand bâtiment ici. S'il tombait, il écraserait le **quartier** entier.

Il se promène dans les rues animées du centre. Il s'arrête boire un verre dans un petit bar. Il y rencontre une belle femme derrière le comptoir. Elle a grandi sur cette île et lui raconte son histoire. Il est fasciné par ce qu'elle lui dit. Elle lui parle de la beauté des **plages** de sable blanc. Elle lui raconte l'histoire des populations d'ici. Elle lui explique comment la faune et la flore se complètent. Il l'écoute toute la nuit.

Au petit matin, il remonte sur le bateau, des histoires plein la tête. Il va dans sa cabine, fait son sac et redescend. Il a envie d'en savoir plus sur cette île. Il retourne au bar mais il est fermé. Il demande autour de lui quand il rouvre. Un vieil homme lui dit qu'il se trompe, que le bar est abandonné depuis deux ans. Anthony se demande s'il a rêvé le bar et la femme de la nuit précédente.

Le soir venu, la femme arrive et ouvre le bar. Anthony lui raconte ce que lui a dit le vieil homme. Elle **rit** en lui disant que le vieil homme **s'est moqué** de lui. Il lui annonce qu'il a décidé de rester pour découvrir l'île. Elle lui sourit et lui dit simplement de l'aider au bar. Le jour, elle lui montrera son île.

Résumé : Anthony a trente ans. Il travaille sur un énorme paquebot qui propose des croisières dans les Caraïbes. Il en a marre de son travail et de faire la même croisière toutes les semaines. Cette fois-ci, sa vie va changer.

Summary: Anthony is thirty years old. He is a sailor who works on a huge cruise ship touring the Caribbeans. He has had enough of this job and of doing the same cruise every week. But this time, his life is about to change.

Liste de vocabulaire :

- Un bateau - A ship
- Depuis - Since
- Fait le tour (Present tense - 3rd person singular) - To tour
- Une piscine - A swimming pool
- Une salle de sport - A gym
- S'assure (Present tense - 3rd person singular) - To make sure
- Sortir (inf.) - To go out
- Se retourne (Present tense - 3rd person singular) - To turn around
- Une fois - One time
- Un quartier - A neighborhood
- Une plage - A beach
- Rit (Present tense - 3rd person singular) - To laugh
- S'est moqué (perfect tense - 3rd person singular) - To make fun of

Questions

1. Depuis combien de temps Anthony travaille-t-il sur un bateau ?

    a) Deux ans
    b) Trois ans
    c) Quatre ans
    d) Cinq ans

2. Que pense-t-il de ce travail ?

    a) Il aime son travail
    b) Il adore son travail
    c) Il déteste son travail
    d) Il n'aime pas son travail

3. Combien d'îles visitent-ils en huit jours ?

    a) Quatre
    b) Cinq
    c) Six
    d) Sept

4. Qui Anthony rencontre-t-il sur l'île le soir où il sort ?

    a) Une femme
    b) Un enfant
    c) Un vieil homme
    d) Une vieille femme

5. Qui lui dit que le bar est abandonné depuis deux ans ?

    a) Un enfant
    b) Une femme
    c) Un vieil homme
    d) Une vieille femme

Réponses

1. How long has Anthony worked on a cruise ship?

D: Cinq ans - Five years

2. What does he think about his job?

D: Il n'aime pas son travail - He doesn't like his job

3. How many islands do they visit in eight days?

B: Cinq - Five

4. Who does Anthony meet the night he goes out?

A: Une femme - A woman

5. Who tells him the bar has been closed for two years?

C: Un vieil homme - An old man

Histoire 20

L'entretien d'embauche - The Job Interview

Philippine est une jeune ingénieure en informatique. Elle a fait plusieurs stages pendant ses études. Maintenant, elle cherche son premier travail. Elle regarde les **offres d'emploi** sur internet. Elle fait des recherches sur les entreprises qui cherchent des informaticiens. Elle regarde sur LinkedIn qui y est employé. Elle contacte d'anciens **employés** pour avoir des informations. Cela lui permet de choisir où **postuler**. Elle **met à jour** son CV et **rédige** des lettres de motivation. Elle **contacte** ses anciens camarades pour avoir des recommandations.

Après quelques semaines, elle commence à recevoir des réponses. Certaines sont positives, on lui propose un entretien d'embauche. D'autres sont négatives. L'entreprise a déjà trouvé quelqu'un ou n'a pas le budget pour un nouvel employé. Philippine répond vite au service ressources humaines qui lui proposent un entretien.

Pour bien présenter, elle va s'acheter une nouvelle tenue pour ses entretiens. Elle demande à une amie de l'aider. Philippine veut avoir l'air sérieuse et moins jeune. Le monde de l'informatique est un monde d'hommes. En tant que jeune femme, c'est difficile d'y trouver une place. Elle repart de la séance shopping avec une nouvelle veste de tailleur et un chemisier.

Elle **passe plusieurs entretiens**. On lui pose toujours les mêmes questions. Elle essaye de **faire bonne impression**. Elle donne les réponses qu'elle a préparées. Malheureusement, elle n'est pas **retenue** pour le poste.

Pendant ses entretiens, elle croise souvent une autre candidate, Marine. À force de se croiser, elles sympathisent. Elles ont le même âge et ont fait deux écoles différentes. Elles parlent de leurs difficultés à trouver un travail.

Après quelques semaines à faire des entretiens, Philippine est démotivée. Elle ne comprend pas pourquoi elle ne trouve pas de travail. L'informatique est un secteur en développement. Elle sort d'une bonne école. Elle ne devrait pas avoir autant de mal à trouver un travail. Elle décide de postuler pour une petite startup et retrouve Marine aux entretiens d'embauche.

Quand c'est son tour de passer, Marine croise les doigts pour elle. Elle lui souhaite bonne chance. **Pendant** l'entretien, Philippine décide de répondre différemment aux questions. Au lieu de donner des réponses préparées, elle répond avec simplicité. La conversation avec le **recruteur** est plus fluide. On dirait deux personnes qui discutent à un café. Ils sont détendus et souriants. Philippine prend confiance et **plaisante**. À la fin de l'entretien, elle **sert la main** du recruteur et part en souriant.

La semaine suivante, on la rappelle pour lui **proposer le poste**. Elle accepte avec joie. Elle prévient ensuite Marine. Il n'y avait qu'un **poste à pourvoir**, mais Marine est contente pour elle. Philippine commence le travail la semaine suivante. C'est une petite startup qui répond à des appels d'offre. Elle travaille sur des applications pour des entreprises de restauration. La startup a du succès. Il faut **recruter** d'autres informaticiens. Quand on lui demande si elle connaît des gens, elle **recommande** Marine. Peu de temps après, Marine est embauchée également. Les deux jeunes femmes deviennent amies. Après quelques années dans la même entreprise, elles décident de monter leur propre boîte.

Résumé : Philippine est une jeune ingénieure en informatique. Elle cherche son premier travail. Elle fait ce qu'on lui a appris à faire, mais elle a plus de mal qu'elle pensait à trouver un emploi.

Summary: Philippine is a young IT engineer who is looking for her first job. She is doing what she was taught to do to get a job but it's more difficult than she expected.

Liste de vocabulaire :

- Une offre d'emploi - A job ad
- Un employé - An employee
- Postuler - To apply
- Met à jour (present tense - 3rd person singular) - To update
- Rédige (present tense - 3rd person singular) - To write
- Contacte (present tense - 3rd person singular) - To contact
- Passe plusieurs entretiens (present tense - 3rd person singular) - To have several interviews
- Faire bonne impression (inf.) - To make a good impression
- Retenue (past participle) - To take (for a job)
- Pendant - During, while
- Un recruteur - A recruiter
- Plaisante (present tense - 3rd person singular) - To joke
- Sert la main (present tense - 3rd person singular) - To shake so's hand
- Proposer le poste (inf.) - To offer the job
- Poste à pourvoir - Job vacancy
- Recruter (inf.) - To hire
- Recommande (present tense - 3rd person singular) - To recommend

Questions

1. Dans quel secteur est-ce que Philippine cherche un travail ?

    a) La finance
    b) L'informatique
    c) La mode
    d) Le tourisme

2. Pourquoi est-ce que Philippine achète des vêtements pour ses entretiens ?

    a) Elle n'a pas de tenue professionnelle
    b) Elle veut changer de vêtements
    c) Elle veut faire plus jeune
    d) Elle veut paraître plus sérieuse

3. Que fait-elle pendant les premiers entretiens ?

    a) Elle met la même tenue
    b) Elle est en retard
    c) Elle ne sait pas quoi dire
    d) Elle donne les réponses qu'elle a préparées

4. Que change-t-elle pour l'entretien avec la startup ?

    a) Elle change sa tenue
    b) Elle est à l'heure
    c) Elle répond plus simplement
    d) Elle n'y va pas

5. Que font Marine et Philippine après quelques années ?

    a) Elles créent leur entreprise
    b) Elles démissionnent
    c) Elles restent dans la startup
    d) Elles partent en vacances

Réponses

1. In which field is Philippine looking for a job?

B: L'informatique - IT

2. Why does she buy new clothes for her interviews?

D: Elle veut paraître plus sérieuse - She wants to look more serious

3. What does she do during her first interviews?

D: Elle donne les réponses qu'elle a préparées - She gives the answers she prepared

4. What does she change during the interview with the startup?

C: Elle répond plus simplement - She answers more simply

5. What do Marine and Philippine do after a few years?

A: Elles créent leur entreprise - They start their own company

Histoire 21

Un événement familial - A Family Event

- Bonjour mon chéri, dit Florence en posant le **plateau** du petit-déjeuner sur le lit, joyeux anniversaire.

- Bonjour mon amour ! Répond Valentin en l'embrassant sur la **joue**.

- Joyeux anniversaire, papa ! Disent Paul, Marion et Laura en sautant sur le lit.

- Bonjour les enfants !

- Venez les enfants, laissez papa se réveiller doucement. On va lui préparer le déjeuner de ce midi et vous pourrez décorer la table.

Florence va dans la cuisine avec les enfants et organise les préparatifs pour la fête. Il y aura onze personnes à table. Il faut réussir à nourrir **tout le monde**.

Vers midi, les parents de Valentin arrivent. Ils arrivent toujours tôt et tout n'est pas prêt. À midi trente, c'est au tour de Jérôme d'arriver avec sa femme Emma et leurs deux fils Benjamin et David. On prend l'apéritif dans le salon pendant que les enfants jouent dans leur chambre. Vers treize heures, Florence appelle les enfants et tout le monde **se met à table**. Valentin et Jérôme se remémorent leurs exploits au judo quand ils étaient **adolescents**.

- Alors, vieux, tu penses qu'à 38 ans, tu peux encore me battre ? Dit Jérôme pour taquiner Valentin.

- Quand tu veux, frérot, répond Valentin en riant.

- Les garçons, ne commencez pas vos bêtises, ça va encore mal finir., leur dit leur mère, Monique.

- Ne t'inquiète pas, maman, on est des hommes maintenant, répond Jérôme.

- Ou de grands enfants, dit leur père, Thierry.

- **Allons** dans le **jardin** pour voir si tu me bats encore, continue Jérôme.

- Ça marche, répond Valentin parce qu'il a un peu bu.

- Chéri, je ne suis pas sûre que ce soit une bonne idée, dit Florence.

- On va juste faire semblant, mon amour.

Les deux frères se retrouvent dans le jardin et se mettent en position. Ils font des prises de judo doucement. Peu à peu, l'envie de gagner se fait sentir. Jérôme essaye une prise plus risquée. Il lance Valentin par-dessus son épaule. Valentin se rattrape mal et tombe sur son **coude**. Valentin ne peut pas bouger le **bras**. Il faut appeler le SAMU. Monique appelle le 15. L'ambulance arrive peu après et emmène Valentin. Jérôme décide de l'accompagner, car c'est sa faute. Florence reste avec ses enfants et le reste de la famille.

Valentin et Jérôme **se retrouvent** aux urgences un samedi après-midi. Jérôme **présente ses excuses** à son frère. Valentin n'est pas fâché. Il est aussi responsable. Ce n'était pas une bonne idée.

Au bout d'une heure d'attente, Valentin voit un **infirmier**. L'infirmier l'envoie faire une radio avant de voir le médecin. Le service de radiologie est plein. Au bout d'une heure, Valentin fait sa radio. Il retourne ensuite en salle d'attente pour voir le **médecin** urgentiste. Jérôme est allé les chercher de l'eau. Quand Valentin voit enfin le médecin, cela fait trois heures qu'ils sont aux urgences. Le médecin lui annonce qu'il a le bras cassé et lui met un plâtre. Il repart avec son frère et ils rentrent tous les deux chez Valentin.

Une fois arrivés, à la maison, tout le monde les **accueille**, inquiet.

- J'avais dit que ça allait mal finir... Dit Monique en regardant ses fils.

- Heureusement que ce n'est pas trop grave, ajoute Thierry.

- Tu nous as fait une belle peur ! Dit Florence en prenant son mari dans ses bras.

- Désolé, promis on ne recommencera plus.

- Allez viens, papa, on n'a pas encore mangé ton gâteau d'anniversaire.

Tout le monde se remet à table et Marion, Paul et Laura amènent le gâteau d'anniversaire en **chantant** joyeux anniversaire à leur père. Valentin se dit qu'il a passé l'âge de faire l'imbécile avec son frère. Il préfère passer du temps avec sa famille qu'aux urgences.

Résumé : C'est l'anniversaire de Valentin qui fête ses 38 ans. Pour l'occasion, sa femme a organisé un repas avec son frère et ses parents. Valentin est heureux de voir sa famille mais tout ne se passe pas comme prévu.

Summary: It's Valentin's birthday today. He is celebrating his 38th birthday with his wife, his children, his brother and his parents.

He is thrilled to see his family but the celebration doesn't really go as planned.

Liste de vocabulaire :

- Le plateau - The tray
- La joue - The cheek
- Tout le monde - Everyone
- Se met à table (present tense - 3rd person singular) - To sit for lunch/dinner/supper
- Un adolescent - A teenager
- Allons - Let's go
- Le jardin - The garden
- Un coude - An elbow
- Un bras - An arm
- Se retrouvent (present tense - 3rd person plural) - To end up
- Présente ses excuses (present tense - 3rd person singular) - To apologize
- Un infirmier (masc.) - A nurse
- Un médecin - A doctor
- Accueille (present tense - 3rd person singular) - To welcome
- Chantant (present participle) - To sing

Questions

1. Combien d'enfants ont Valentin et Florence ?

     a) Un
     b) Deux
     c) Trois
     d) Quatre

2. Quel sport faisaient les deux frères adolescents ?

    a) Du karaté
    b) Du judo
    c) De la lutte
    d) De la boxe

3. Qui est Monique ?

    a) La mère de Valentin
    b) La sœur d'Emma
    c) La grand-mère de Jérôme
    d) La tante de Florence

4. Que s'est cassé Valentin ?

    a) Le coude
    b) L'épaule
    c) La main
    d) Le bras

5. Quand mangent-ils le gâteau d'anniversaire ?

    a) Avant que Valentin se fasse mal
    b) Après que Valentin se fasse mal
    c) Quand Valentin et Jérôme reviennent des urgences
    d) Ils ne le mangent pas

Réponses

1. How many children do Valentin and Florence have?

C: Trois - Three

2. Which sport did the brothers practice when they were younger?

B: Du judo - Judo

3. Who is Monique?

A: La mère de Valentin - Valentin's mother

4. What part of his body did Valentin break?

D: Le bras - His arm

5. When do they eat the birthday cake?

C: Quand Valentin et Jérôme reviennent des urgences - When Valentin and Jérôme return from the emergency room

Histoire 22

Le tableau - The Painting

Antoine est un jeune cadre qui vit à Paris. Il est ambitieux et compétent. Il travaille dur. Il aimerait obtenir une **promotion** dans son **entreprise** et passe beaucoup de temps au **bureau**. Pendant la pause du midi, il achète juste un sandwich qu'il mange en marchant. Il retourne ensuite travailler.

Un jour, il passe devant une galerie d'art en mangeant son sandwich jambon-beurre. Un **tableau** attire son regard. Il **entre** dans la galerie et s'approche du tableau. C'est un tableau un peu abstrait avec plein de couleurs. Il y a de l'orange, du jaune et du rouge en haut coupé par des vagues brunes et vertes. On dirait un coucher de soleil sur la montagne. Antoine reste à le **regarder**, apaisé. Il reçoit tout à coup un **appel** de son patron qui lui demande où il est. Il retourne alors rapidement au travail.

Les jours passent et il n'arrête pas de **penser** au tableau. L'image lui reste dans la tête. Il décide de retourner le voir le lendemain pendant sa **pause déjeuner**. Il entre à nouveau dans la galerie d'art et reste à regarder le tableau. Il en oublie de manger. La vendeuse de la galerie d'art s'approche de lui :

-   Bonjour, je peux vous **renseigner** ?

-   Bonjour, non merci, je regarde juste.

-   L'artiste aime créer avec beaucoup de couleurs. Elle peint un paysage, mais laisse les couleurs influencer le résultat.

- On dirait presque que cet endroit n'existe pas.

- Et pourtant, il existe.

Antoine regarde sa montre et voit qu'il doit retourner travailler. Il prend le tableau rapidement en photo avec son téléphone. Il dit au revoir à la vendeuse et part en réunion. Pendant la **réunion**, il écoute son équipe présenter le projet, mais il n'arrive pas à se sortir le tableau de la tête. Il croise son patron qui lui rappelle les délais à respecter pour le projet. Antoine décide de se reconcentrer sur le projet. Il n'a pas de temps à consacrer au tableau. Il a beaucoup de travail pour réussir le projet. C'est important pour sa carrière.

Quelques semaines plus tard, le projet est terminé et il peut se détendre un peu. Il est d'ailleurs bientôt **en vacances**. Le midi, après avoir acheté un sandwich à la boulangerie, il retourne à la galerie d'art pour voir le tableau. Quand il arrive, il salue la vendeuse et se dirige vers le tableau, mais il n'y est plus. La vendeuse s'approche de lui.

- Je suis désolée, mais il a été **vendu**.

- Vous en avez d'autres du même artiste ?

- Non, désolée. C'était son dernier.

- Ah, mince, dit Antoine, déçu. Vous savez où l'artiste a peint le tableau ?

- Elle l'a peint à Chamonix dans les Alpes.

Antoine rentre chez lui le soir, bien décidé à organiser ses vacances à Chamonix. Il veut revoir ce beau paysage. S'il ne peut pas voir le tableau, alors il va retrouver le vrai paysage.

Quelques jours plus tard, il arrive **en train** à Chamonix, cette ville au milieu des montagnes. Il a décidé de faire des randonnées tous les jours et d'essayer de retrouver le paysage du tableau. Il demande aux **locaux** s'ils savent où se trouve le paysage en leur montrant la photo du tableau. Personne ne sait.

C'est le dernier jour de ses vacances et il a l'impression d'avoir fait tout le tour de la montagne. Il prend son petit-déjeuner dans un café et remarque une jeune femme avec un chevalet et du **matériel** de peinture. Il s'approche et lui demande si elle connaît le paysage de la photo.

- Bien sûr, c'est moi qui l'ai peint. Vous avez acheté mon tableau ?

- Malheureusement, je n'ai pas eu le temps. Quelqu'un d'autre l'a acheté.

- Venez avec moi, je vais vous montrer où c'est.

Antoine suit la jeune femme sur un chemin dans la montagne. Il l'aide à transporter son matériel. Une fois arrivés, elle s'installe pour peindre un autre tableau et lui s'assoit derrière elle. Il regarde le paysage et son dessin tour à tour.

À la fin de la journée, la jeune femme lui demande quand il repart. Antoine lui répond qu'il ne repart pas et qu'il préfère la regarder peindre la montagne. La jeune femme sourit et ils repartent ensemble.

Résumé : Antoine, jeune travailleur ambitieux, vit à Paris et se concentre uniquement sur son travail. Pourtant, un jour, pendant sa pause déjeuner, il tombe sur un très beau tableau dans une galerie d'art. Il retourne travailler, mais il n'arrive pas à oublier ce tableau.

Summary: Antoine is a young and ambitious employee who lives in Paris and only focuses on his job. One day though, during his lunch break, he sees a gorgeous painting in an art gallery. He goes back to work again but he can't forget the painting.

Liste de vocabulaire :

- Une promotion - A promotion
- Une entreprise - A company
- Un bureau - An office or a desk
- Un tableau - A painting
- Entrer (inf.) - To enter, come in
- Regarder (inf.) - To watch
- Un appel - A call
- Penser - To think
- La pause déjeuner - Lunch break
- Renseigner - To inform, help
- Une réunion - A meeting
- En vacances - On holidays
- Vendu (past participle) - To sell
- En train - By train
- Locaux (masc., pl.) - Locals
- Du matériel (masc.) - Supplies

Questions

1. Que représente le tableau ?

    a) La montagne
    b) La mer
    c) Une maison
    d) Une famille

2. Qui a acheté le tableau ?

    a) Antoine
    b) Le patron d'Antoine

    c)   La vendeuse

    d)   Un inconnu

3. Que décide de faire Antoine après ça ?

    a)   Il décide d'oublier le tableau

    b)   Il décide de trouver l'acheteur du tableau

    c)   Il décide de trouver le paysage du tableau

    d)   Il décide de peindre un tableau

4. Comment Antoine retrouve-t-il le paysage du tableau ?

    a)   Pendant une randonnée

    b)   L'artiste lui montre

    c)   Un local lui montre

    d)   Il ne le retrouve pas

5. Que fait Antoine À la fin de l'histoire ?

    a)   Il achète un autre tableau

    b)   Il ne fait rien

    c)   Il reste avec l'artiste

    d)   Il retourne au travail

Réponses

1. What's on the painting?

A: La montagne - A mountain

2. Who bought the painting?

D: Un inconnu - A stranger

3. What does Antoine decide after that?

C: Il decide de trouver le paysage du tableau - He decides to find the landscape from the painting

4. How does Antoine find the landscape on the painting?

B: L'artiste lui montre - The artist shows him

5. What does Antoine do at the end?

C: Il reste avec l'artiste - He stays with the artist

113

Histoire 23

La vie d'étudiant - Student Life

Arnaud et Lucie sont amis depuis toujours. Ils se connaissent depuis qu'ils sont tous petits. Ils ont grandi dans la **banlieue parisienne** et ont toujours rêvé de faire leurs études à Paris. Antoine veut étudier la littérature et Lucie le droit. Ils ont travaillé dur toute leur année de **terminale** pour réussir.

Après avoir chacun réussi le **baccalauréat**, ils entrent dans des universités différentes à Paris. Ils ne sont pas très loin l'un de l'autre, vers le Panthéon, et peuvent se retrouver souvent.

Le début d'année est un peu difficile. Étudier à l'université est très différent de ce qu'ils connaissent. Au **lycée**, on a beaucoup d'heures de cours, on a des professeurs pour nous aider tous les jours. À la **fac**, on a peu d'heures de cours et il faut s'organiser tout seul. Les cours sont intenses et il faut apprendre beaucoup de choses. Si on attend la semaine avant les **partiels**, on est presque sûr d'échouer.

Pour réussir à suivre le rythme et réussir leur année, Arnaud et Lucie ont pris l'habitude d'aller à la bibliothèque universitaire après les cours. Ils se rejoignent à une table et chacun étudie ses **matières**. Être ensemble les encourage à rester concentrés mais ils ont aussi besoin de se détendre. Les années à l'université passent vite et il faut en **profiter**.

Arnaud et Lucie ont remarqué une **habitude** des autres étudiants. Beaucoup d'entre eux se retrouvent après les cours pour boire un café ou un verre et discuter dans un des nombreux cafés autour de l'université. C'est une façon de se **détendre** et de **se faire des amis**. Les groupes d'amis se retrouvent d'ailleurs toujours au même café, c'est leur **repaire**.

Arnaud et Lucie décident donc de trouver leur repaire pour se faire de nouveaux amis. Ils se donnent rendez-vous à un premier café. Il y a des petites tables rondes en terrasse et beaucoup d'étudiants s'y retrouvent. Ils arrivent à 17h mais il n'y a pas de place. Toutes les tables sont occupées et les étudiants assis sont déjà serrés les uns contre les autres. Arnaud et Lucie remontent la rue pour voir s'ils trouvent un autre café où il y aura **de la place**.

Il y a beaucoup de cafés avec terrasses autour des universités, mais il y a aussi beaucoup d'étudiants. Arnaud et Lucie parcourent toutes les rues qu'ils connaissent, mais tous les cafés sont déjà occupés. Les autres étudiants n'ont pas attendu plusieurs mois pour trouver leur repaire.

Le **lendemain**, Arnaud et Lucie ne peuvent pas se retrouver à la bibliothèque, car Lucie doit préparer un **exposé** avec des étudiants de sa classe. Ils lui donnent rendez-vous dans un café dans une petite rue cachée. Elle trouve cela un peu étrange d'étudier dans un café. C'est vrai qu'on ne peut pas parler dans une bibliothèque.

Elle arrive au café le Pantalon et rejoint un groupe de trois étudiants déjà installés à la terrasse. Elle s'assoit et ils **commandent** une planche de fromage et de charcuterie tout en discutant de l'exposé. La conversation est animée et intéressante. Ils se mettent ensuite à parler de sujets variés. Ils refont le monde autour d'un café. Lucie apprend à héler le serveur pour être servie et à trouver des places même dans une terrasse bondée.

Les jours suivants, Lucie est invitée à rejoindre le groupe au café pour continuer à parler de l'exposé. Petit à petit, ils parlent de moins en moins de l'exposé et de plus en plus de tout et de rien.

Un jour, elle décide d'inviter à son tour Arnaud à rejoindre le groupe. Elle s'installe à la table habituelle. Arnaud la rejoint puis ses nouveaux amis et tout le monde discute joyeusement. Ils font maintenant partie des **habitués** du café. Arnaud et Lucie comprennent que la clé pour trouver une place à un café, c'est d'abord de trouver de nouveaux amis.

Résumé : Arnaud et Lucie sont deux amis d'enfance qui commencent leurs études à Paris. Ils ont toujours rêvé d'étudier à Paris, mais le rythme est difficile. Ils passent beaucoup de temps à étudier à la bibliothèque. Ils aimeraient bien profiter de la vie étudiante davantage. Les deux amis décident de se trouver un café également mais ce n'est pas aussi facile qu'ils le pensent.

Summary: Arnaud and Lucie are childhood friends. They are starting their studies in Paris. They have always dreamt of studying there, but it's harder than they expected. They spend a lot of time studying and not much time enjoying student life. They decide to try to make new friends, but it's not as easy as it looks to find a spot in a café.

Liste de vocabulaire :

- La banlieue parisienne - Parisian suburbs
- La terminale - 12th grade
- Le baccalauréat - High school diploma
- Le lycée - High scool
- La fac (colloquial), la faculté, l'université - College
- Un partiel - End-of-term exam
- Une matière - (school) Subject
- Profiter (inf.) - To enjoy
- Une habitude - A habit
- Se détendre - To relax

- Se faire des amis - To make friends
- Un repaire - A den, a lair
- De la place - Room
- Le lendemain - The next day
- Un exposé - A presentation (spoken)
- Commander - To order
- Un habitué, une habituée - A regular client

Questions

1. D'où viennent Arnaud et Lucie ?

    a) De Toulouse
    b) De Paris
    c) De la banlieue parisienne
    d) De Strasbourg

2. Pourquoi est-ce que la fac est plus difficile que le lycée ?

    a) Il faut s'organiser seul
    b) Il y a trop de travail
    c) Il n'y a pas de professeurs
    d) C'est loin

3. Quand Arnaud et Lucie cherchent un café tous les deux

    a) Ils se perdent à Paris
    b) On leur refuse l'accès
    c) Les cafés sont fermés
    d) Tous les cafés sont pleins

4. Comment trouvent-ils un repaire finalement ?

    a) Ils arrivent à l'ouverture du café
    b) Lucie rencontre de nouveaux amis
    c) Arnaud rencontre de nouveaux amis
    d) Ils n'en trouvent pas

5. Que font les étudiants au café ?

- a) Ils mangent
- b) Ils étudient
- c) Ils discutent de tout et de rien
- d) Ils n'y vont pas

Réponses

1. Where do Arnaud and Lucie come from?

C: La banlieue Parisienne - Parisian suburbs

2. Why is college harder than high school?

A: Il faut s'organiser seul - You need to be well-organized

3. When Arnaud and Lucie look for a café...

D: Tous les cafés sont pleins - All the cafés are full

4. How do they find their lair in the end?

B: Lucie rencontre de nouveaux amis - Lucie makes new friends

5. What do students do in cafés?

C: Ils discutent de tout et de rien - They talk about anything and everything

Histoire 24

Le contrôle de maths - The Maths Test

Apolline et Zoé sont deux amies au **collège** Marie Curie. Elles sont dans la même classe depuis **la primaire** et s'assoient toujours à côté. Apolline aime les mathématiques et les sciences de la vie et de la terre. Zoé, elle, préfère la musique et l'art plastique. Apolline est une élève **sérieuse** et appliquée tandis que Zoé est un peu moins **calme**. En classe, Zoé **passe son temps** à dessiner alors qu'Apolline écoute attentivement le professeur.

Plus elles avancent dans les classes et plus Apolline passe de temps à travailler pour rester la meilleure. Elles ont maintenant quatorze ans. Zoé voit moins souvent Apolline maintenant qu'elles sont en **troisième** et son amie lui **manque**. Elles s'assoient toujours à côté en classe, mais pendant les **récréations**, Apolline va au CDI pour travailler et ne discute plus avec son amie.

Apolline est très stressée, car il y a un gros **contrôle** de mathématiques qui approche et elle veut absolument le réussir. Zoé se demande pourquoi son amie est aussi stressée car Apolline connaît déjà toutes les leçons par cœur. Elle est même en avance car elle étudie le manuel toute seule. Pour Zoé, Apolline n'a aucune raison de **s'inquiéter**.

Le jour du contrôle, Zoé arrive tranquillement au collège comme tous les matins. Elle retrouve Apolline devant la salle de classe comme d'habitude. Apolline est concentrée sur ses révisions. Elle dit rapidement bonjour à son amie et lui dit qu'elle n'a pas dormi de la nuit parce qu'elle révisait. Zoé se dit que vu les valises sous les yeux d'Apolline, ça doit être vrai.

Pendant une heure et demie, Apolline reste concentrée et écrit beaucoup. Zoé prend le temps de bien comprendre le sujet et répond de son mieux. À côté, Apolline semble s'énerver un peu et regarde l'heure sans arrêt. Quand le professeur leur demande de rendre leur copie, Zoé le rend calmement. De son côté, Apolline est encore en train d'écrire et semble ne pas avoir fini. Elle finit par le rendre à contre-cœur. En sortant de classe, Apolline est de **mauvaise humeur**. Zoé essaye de lui changer les idées, mais sans succès.

La semaine suivante, quand le professeur de mathématiques rend les copies, Apolline regarde sa **note** et cache tout de suite sa feuille. Zoé est surprise, car Apolline lui **montre** toujours sa note d'habitude. Elle l'aide aussi à comprendre où elle s'est trompée. Zoé a eu 12/20, c'est une note correcte sans être extraordinaire. En général, Apolline a 18 sur 20, ce qui est une très bonne note. Zoé demande gentiment à Apolline quelle note elle a eu. Apolline ne lui répond pas et commence à pleurer. Zoé ne sait pas quoi faire pour aider son amie. Quand la cloche sonne, Apolline sort de classe sans dire un mot et rentre chez elle.

Zoé décide d'aller voir son amie pour essayer de lui **remonter le moral**. Elle ne sait pas quelle note Apolline a eu, mais elle sait que ça a beaucoup d'importance pour elle. En arrivant chez Apolline, Zoé dit bonjour à la maman d'Apolline. Celle-ci est inquiète, car sa fille est rentrée et n'a pas dit un mot. Elle s'est enfermée dans sa chambre et a mis de la musique triste. La maman d'Apolline demande à Zoé si elle sait ce qu'il se passe. Zoé préfère ne pas répondre car elle ne sait pas si Apolline veut en parler à ses parents.

Zoé frappe à la porte de la chambre d'Apolline et attend que son amie lui ouvre. Elle voit qu'Apolline a pleuré et lui demande ce qui ne va pas. Apolline lui montre son contrôle de mathématiques, elle a eu 12/20. Pour elle, c'est une mauvaise note. Zoé lui explique que ce n'est pas grave, qu'il faut juste qu'elle comprenne où elle s'est trompée. Elle lui dit aussi d'en parler à ses parents. Ils ne lui en voudront pas, ils savent qu'elle travaille dur.

Le lendemain, Apolline arrive à l'école de bonne humeur. Ses parents ne l'ont pas disputée et lui ont même proposé de choisir une **activité sportive ou créative** pour ne pas penser qu'à ses notes.

Résumé : Apolline et Zoé sont deux amies, en troisième au collège. L'une est très sérieuse et pense que le plus important c'est d'avoir des bonnes notes. L'autre est plus détendue et pense surtout à s'amuser. Une mauvaise note va mettre leur amitié à l'épreuve.

Summary: Apolline and Zoé are friends, they are in 9th grade. One is very serious and believes the most important thing in life is to get good grades. The other is more relaxed and focuses on having fun rather than studying hard. One bad grade is about to challenge their friendship.

Liste de vocabulaire :

- Le collège - Middle school (from 11 to 14 years old)
- La primaire - Primary school
- Sérieux, sérieuse - Serious
- Calme - Calm
- Passe son temps (present tense, 3rd person singular) - To spend one's time
- La troisième - 8th grade
- Manque (present tense, 3rd person singular) - To miss
- Une récréation - Recess
- Un contrôle - A test

- S'inquiéter - To worry
- La mauvaise humeur - Bad mood
- Une note - A grade
- Montrer - To show
- Remonter le moral - To cheer someone up
- Activité sportive ou créative - Sport or craft activity

Questions

1. Quel âge ont Apolline et Zoé ?

    a) Elles ont douze ans
    b) Elles ont treize ans
    c) Elles ont quatorze ans
    d) Elles ont quinze ans

2. En quelle classe sont Apolline et Zoé ?

    a) En Première
    b) En Seconde
    c) En Terminale
    d) En Troisième

3. Apolline est plutôt :

    a) Détendue
    b) Stressée
    c) Calme
    d) Joyeuse

4. Quels sont les résultats du contrôle de maths ?

    a) Apolline a eu une bonne note
    b) Zoé a eu une meilleure note qu'Apolline
    c) Les deux filles ont eu la même note
    d) Elles n'ont pas eu leur note

5. Comment les parents d'Apolline ont-ils réagi pour le contrôle de maths ?

    a) Bien, ils lui ont proposé de faire une activité extra-scolaire

    b) Bien, ils ne l'ont pas disputée

    c) Mal, elle est privée de sortie

    d) Elle ne leur a pas dit

Réponses

1. How old are the girls?

C: Elles ont quatorze ans - They are 14

2. Which grade are Apolline and Zoé in?

D: En Troisième - In 8th grade

3. Apolline is rather:

B: Stressée - Stressed

4. How did they fare on the math test?

C: Les deux filles ont eu la même note - They both got the same grade

5. How did Apolline's parents react when she told them about her grade?

A: Bien, ils lui ont proposé de faire une activité extra scolaire - Well, they told her she could choose an extra-curricular activity

Histoire 25

Le métro parisien - The Parisian Subway

Paul a 24 ans, c'est un jeune homme **brun** et **grand**. Il vient de **s'installer** à Paris pour trouver du travail. Il est originaire d'Angers, une petite ville du Pays de la Loire. Il a trouvé un petit appartement sur Paris au septième étage. Il est prêt à découvrir Paris.

Aujourd'hui, il a un rendez-vous important. Il a un **entretien d'embauche** pour devenir architecte, son rêve. Il a mis un costume, préparé son CV et sa sacoche.

Pour y aller, il doit prendre le métro, mais il ne l'a jamais pris. Rien qu'à regarder la **carte**, il se sent déjà perdu. Le **réseau** est énorme. Il y a des lignes dans tous les sens et de toutes les couleurs. Il y a des centaines de kilomètres de couloirs et de rails. C'est comme une deuxième ville sous Paris.

Il prend son courage à deux mains et rentre dans la bouche du métro de Châtelet-les Halles. C'est peut-être la plus grande station de métro de Paris. Les gens marchent vite, dans toutes les directions. C'est l'heure de pointe.

Il y a des couloirs partout, les murs sont en carrelage gris brillant. Il y a des panneaux pour huit lignes de métro, trois RER et vingt-quatre sorties. Paul en a la tête qui tourne.

Tout le monde a l'air de savoir où il va et avance vite pourtant. Ça ne doit pas être si compliqué !

Paul choisit une direction et suit la foule. Il **monte** et **descend** des escaliers, tourne à droite et à gauche. Les gens marchent en silence, concentrés et pressés. Il fait pareil.

À un moment, Paul veut changer de direction pour avoir son métro, mais la foule l'emmène plus loin et le laisse devant un musicien qui joue de la guitare au milieu du couloir. Paul s'arrête un moment pour écouter cette jolie musique. Elle remplit le couloir d'un son joyeux et entraînant.

Puis la foule l'emmène à nouveau ailleurs, il essaye de trouver sa ligne de métro, mais il ne voit plus le **panneau**. Un vendeur dans un petit magasin dans le couloir lui propose des fleurs et des fruits. Les fleurs sentent très bons au milieu de ce couloir souterrain.

Paul repart dans une autre **direction**, espérant enfin trouver sa ligne. Il tourne d'un côté et arrive enfin sur le **quai** de sa **ligne de métro**. Il monte dedans et s'assoit, content. Un musicien qui joue de l'accordéon monte aussi et joue *La vie en rose* d'Edith Piaf. Paul est tellement concentré sur la musique qu'il manque presque sa **correspondance**. Les portes sonnent. Il descend en courant avant de regarder par où il doit aller. Droite ou gauche ?

Une bonne odeur de viennoiserie l'attire à gauche. Il trouve une petite boulangerie au milieu du couloir qui vend du pain chaud et des croissants. Il **demande son chemin**.

La boulangère lui dit qu'il s'est trompé, il repart à droite et passe devant une boutique de souvenirs de Paris. Il est presque surpris. Quand on est dans le métro, on n'a plus l'impression d'être à Paris.

Il arrive enfin sur le quai de son deuxième métro, le train est déjà là, il monte vite pour ne pas le **rater**. Les portes se ferment juste derrière lui. À la station suivante, il regarde le plan au-dessus des portes du métro et comprend qu'il a pris la **mauvaise** direction. Il descend, monte les escaliers, traverse le couloir et redescend sur le quai en face. Cette fois, c'est la bonne !

Le métro arrive, il monte et reste debout, car il est plein. Il arrive enfin à la bonne station. Il n'a pas d'autre correspondance, il doit juste trouver la **sortie**. Il y en a quatre. Il observe le plan quelque temps.

Il suit les indications pour la sortie 2, traverse quelques couloirs, prend un escalator, croise un chanteur d'opéra et hop, il est enfin dehors ! C'est un peu juste, mais il est à l'heure. Il vaut mieux partir en avance quand on prend le métro parisien !

Résumé : Paul, jeune homme, vient de s'installer à Paris pour devenir architecte. Il a un entretien d'embauche aujourd'hui et doit prendre le métro sauf qu'il ne l'a jamais pris. Il a du mal à trouver son chemin et découvre des choses inattendues dans le métro. Mais arrivera-t-il à l'heure ?

Summary: Paul, a young man, moved to Paris to become an architect. He has a job interview today and needs to take the subway, but he has never taken it before. He discovers things he didn't expect in the metro. Will he make it on time?

Liste de vocabulaire :

- Brun - Brown-haired
- Grand, grande - Tall
- S'installer - To move in
- Un étage - Floor
- Un entretien d'embauche - A job interview
- Une carte - A map
- Un réseau - A network
- Monte (present tense, 3rd person singular) - To go up

- Descend (present tense, 3rd person singular) - To go down
- Un panneau - A sign
- Une direction - A direction
- Un quai - A platform
- Une ligne de métro - A subway line
- Une correspondance - A connection
- Demander son chemin - To ask for directions
- Rater - To miss
- Mauvais, mauvaise - Wrong
- Une sortie - An exit

Questions

1. Pourquoi est-ce que Paul est venu à Paris ?

    a) Pour visiter
    b) Pour rendre visite à sa famille
    c) Pour ses études
    d) Pour trouver un travail

2. Pourquoi est-ce que Paul prend le métro ?

    a) Pour aller à un entretien d'embauche
    b) Pour aller à un rendez-vous
    c) Par curiosité
    d) Parce qu'il n'a pas assez d'argent pour un taxi

3. Quel est le magasin qu'il voit en premier ?

    a) La boulangerie
    b) Le magasin de souvenirs

    c) Le fleuriste

    d) Le magasin de vêtements

4. Combien de musiciens et chanteurs croisent-il dans le métro ?

    a) Un

    b) Deux

    c) Trois

    d) Quatre

5. À la fin de l'histoire, Paul…

    a) Est en retard

    b) Est à l'heure

    c) Est perdu

    d) Prend un taxi

Réponses

1. Why has Paul come to Paris?

D: Pour trouver un travail - To find a job

2. Why is Paul taking the subway?

A: Pour aller à un entretien d'embauche - To go to a job interview

3. Which shop does he see first?

C: Le fleuriste - The florist's

4. How many musicians and singers does he see in the subway?

C: Trois - Three

5. At the end of the story, Paul…

B: Est à l'heure - Is on time

Histoire 26

Les mascottes du club - The Club's Mascots

Claude habite en Guadeloupe depuis 20 ans. Il y a **déménagé** avec sa femme, Florence. Il est professeur des écoles et enseigne à des élèves de primaire. Il est originaire de Caen. Sa femme et lui **rêvaient** d'aventure et ils ont décidé d'aller dans les Antilles françaises après la naissance de leur premier enfant, Océane. Ils ont eu deux enfants après la première, Armand et Céline.

Océane est grande maintenant et elle fait ses études en Bretagne. Armand lui, a 16 ans et est au lycée. Céline, elle, est au collège. Elle a douze ans.

Claude et ses enfants aiment faire du sport et ils se sont inscrits dans un club de badminton pour jouer ensemble. C'est Océane qui a demandé à son père de jouer au badminton avec elle quand elle était petite. Claude a beaucoup aimé ce sport et a **encouragé** Armand et Céline à jouer aussi. Maintenant qu'Océane est en métropole, il joue avec ses deux autres enfants.

Le club propose des **créneaux** de **jeu libre** où on peut jouer pour s'amuser et des créneaux d'**entraînement** avec un entraîneur. Cela permet de s'améliorer pour les compétitions. Les créneaux jeu libre ont lieu le lundi et le jeudi de 18h à 20h. Les créneaux d'entraînement se déroulent le mercredi de 17 à 19h et le vendredi de 19h à 21h.

Claude est plutôt bon en badminton et il aide ses enfants à **s'améliorer**. Armand se débrouille bien, mais il fait aussi du foot. Il ne peut pas venir à chaque fois. Céline est moins forte que son frère, mais elle progresse. Elle est **motivée** et assidue aux entraînements. Elle ne **pratique** pas d'autre sport.

Un jour, alors qu'elle allait remplir sa gourde d'eau, elle entend des miaulements sous un escalier. Elle s'approche doucement et découvre des chatons qui se cachent sous l'escalier. Ils miaulent, car ils ont faim. Céline regarde autour d'elle pour savoir si leur mère est là, mais elle ne voit pas de chat adulte. Elle se baisse et tend la main vers les chatons. Ils ont peur au début puis **se laissent** caresser. Après quelques minutes de patience, Céline est entourée des chatons qui se frottent contre elle et ronronnent.

Claude arrive au bout d'un moment, car il se demande ce que fait Céline. Il retrouve sa fille assise par terre et entourée de chatons. Quand il approche, les chatons s'éloignent et Céline **se lève**. Elle demande à son père s'ils peuvent en adopter un. Claude lui explique qu'il ne sait pas si la mère est là et que ce serait dommage de séparer les chatons. Ils sont encore très jeunes.

Les fois suivantes, Céline **apporte** à manger et à boire pour les chatons et joue avec eux. Elle oublie un petit peu le badminton. D'autres joueurs rejoignent Céline et jouent avec les chatons. Il n'y a toujours aucune trace de la mère des chatons. Céline redemande à son père s'ils peuvent en adopter un. La présidente du club propose une autre solution. Le club pourrait faire de ces chatons les nouvelles mascottes du club. De cette façon, les quatre chatons pourraient rester ensemble et Céline continueraient à les voir.

Le club **organise** une **compétition** la semaine suivante et les chatons ont beaucoup de succès. Pendant que certains joueurs jouent un match, d'autres se détendent en caressant les chatons. Chacun a son préféré. Il y a Félix, petit chaton blanc aux yeux bleus très joueur, Alix, petite chatte noire aux pattes marrons très énergique, Calix, petite chatte grise et calme et enfin Sufix, un chaton noir qui dort beaucoup et adore se faire caresser.

À la fin de la journée, Céline range le **gymnase** avec son père et son frère et ne trouve plus les chatons. Elle court partout pour essayer de les trouver. Elle a peur que quelqu'un les ait emmenés. Elle les appelle, mais aucun ne répond.

C'est Armand qui finit par les trouver cachés sous un tas de filets de badminton. Ils ne sont pas seuls cette fois. Leur mère est là et les nettoie un par un. Claude prend sa fille dans ses bras pour la calmer et lui explique qu'ils ont bien fait de ne pas en adopter. Leur mère n'était finalement pas loin.

Résumé : Claude et sa famille vivent en Guadeloupe depuis longtemps. Claude et ses enfants font partie d'un club de badminton et y vont souvent. Un soir, alors que Claude et Céline sont au club de badminton, Céline fait une découverte inattendue au gymnase.

Summary: Claude and his family have lived in Guadeloupe for quite a while. Claude and his children are part of a badminton club and often play there. One night, while Claude and Celine go to one badminton session, Céline makes an unexpected discovery.

Liste de vocabulaire :

- Déménagé (present participle) - To move houses
- Rêvaient (imperfect tense, 3rd person plural) - To dream
- Encouragé (present participle) - To encourage
- Un créneau - A time slot
- Le jeu libre - Free play
- Un entraînement - Training
- S'améliorer (inf.) - To improve
- Motivé (past participle) - Driven
- Pratique (present tense, 3rd person singular) - To practise
- Se laissent (present tense, 3rd person plural) - Let themselves

- Se lève (present tense, 3rd person singular) - To get up
- Apporte (present tense, 3rd person singular) - To bring
- Organise (presente tense, 3rd person singular) - To organize
- Une compétition - A compétition
- Un gymnase - Sports hall

Questions

1. Combien d'enfants a Claude ?

    a) Un
    b) Deux
    c) Trois
    d) Quatre

2. Dans la famille, qui joue au badminton maintenant ?

    a) Toute la famille
    b) Claude et tous ses enfants
    c) Claude et Céline
    d) Claude, Armand et Céline

3. Que découvre Céline ?

    a) Des chiots
    b) Des chatons
    c) Des canards
    d) Des moustiques

4. Quel chaton est noir ?

    a) Félix
    b) Sufix
    c) Alix
    d) Calix

5. Comment finit l'histoire ?

    a) La mère des chatons revient
    b) Céline adopte les quatre chatons
    c) Différentes personnes adoptent les chatons
    d) Les chatons quittent le gymnase

Réponses

1. How many children does Claude have?

C: Trois - Three

2. In Claude's family, who plays badminton?

D: Claude, Armand et Céline

3. What does Céline find?

B: Des chatons - Kittens

4. Which kitten is black?

B: Sufix

5. How does the story end?

A: La mère des chatons revient - The kittens' mother comes back

<h1 style="text-align:center">Histoire 27</h1>

<h1 style="text-align:center">Le croûton de la baguette - The Crust of the Baguette</h1>

Thomas Bertier est un jeune papa de trente-cinq ans. Il est professeur de français et **habite** avec sa **femme** et ses filles à Versailles. Ses deux filles sont à l'école primaire, Lola et Anna. Lola a sept ans et Anna a neuf ans.

Aujourd'hui, c'est lui qui va les **chercher** à l'école. Il attend devant le portail de l'école avec d'autres parents. La cloche sonne et peu de temps après les enfants commencent à sortir. Ils voient plein d'enfants, des grands, des petits, des filles, des garçons, des contents, des tristes.

Ses filles sortent en dernière. Lola porte un **pantalon** bleu et un **t-shirt** jaune. Elle est blonde aux yeux marrons, **comme** son père. Anna porte une **jupe** verte et un **gilet** rouge. Elle est brune et a les yeux verts, comme sa mère. Elles ont leur cartable sur le dos et discutent avec leurs amies. Quand elles voient leur papa, elles courent vers lui. Il les prend dans ses bras et leur fait un bisou sur la joue. Thomas prend leur cartable car ils sont lourds. Il a un cartable sur chaque **épaule**, et une fille à chaque **main**. Il est l'heure d'aller chercher le **goûter**.

Chaque jour, la famille Bertier va chercher du pain à la **boulangerie** La Mie Câline en rentrant. Ils savent bien laquelle est la meilleure. Elle est sur le chemin vers la maison. Thomas et ses filles marchent tranquillement. Thomas demande à ses filles comment s'est passée leur journée. Lola **raconte** qu'elle a appris à compter jusqu'à 100 et qu'elle s'est fait une nouvelle amie. Anna raconte que sa classe a fait du sport dans la cour et qu'elle a gagné la course.

Quand ils arrivent à la boulangerie, la porte s'ouvre automatiquement et une sonnerie retentit. La boulangère salue Thomas et ses petites filles. Elle commence à les connaître, ils viennent **tous les jours**.

Thomas dit aux filles de choisir une viennoiserie pour leur goûter : un croissant, un pain au chocolat, un chausson aux pommes, etc. Les deux petites filles regardent dans la vitrine et réfléchissent. Pendant ce temps-là, Thomas commande une baguette pas trop cuite pour le dîner.

Quand les deux petites filles voient la baguette fraîche dans les mains de Thomas, elles demandent le **croûton de pain** en même temps pour le goûter. Thomas est bien embêté, car il ne peut en donner qu'un. S'il donne les deux croûtons maintenant, la baguette va rassir vite.

Pour essayer de régler le problème, la boulangère offre une chouquette à chaque petite fille. Ce petit chou avec du sucre glace dessus est très bon. Elles le mangent avec joie en sortant de la boulangerie, mais elles veulent quand même manger le croûton.

Thomas doit trouver un moyen de **résoudre le problème**. Il peut manger le croûton lui-même, mais ce n'est pas juste. Comment **choisir** ? Il se dit qu'il va leur faire une devinette.

- Les filles, je vais vous dire une devinette et celle qui trouve la réponse en premier aura le croûton, d'accord ?

- D'accord papa, répond Lola.

- Oui papa, dit Anna.

- Quel est le gâteau le plus rapide ?

- Le croissant ? Demande Lola.

- Non, ce n'est pas le croissant.

- La chouquette ? Tente Anna.

- Non, ce n'est pas non plus la chouquette. Je vous donne un indice, il y en a au chocolat ou au café.

- **Un éclair** ! S'exclame Anna

- Oui, ma chérie, tu as gagné, dit Thomas en lui donnant le croûton de la baguette. Un éclair, ça va très vite dans le ciel et ça porte le même nom que le gâteau.

Lola fait un peu la tête d'avoir perdu alors Thomas lui donne un bout de pain aussi. Ce n'est pas le croûton, mais c'est du bon pain frais. Lola le mange de bon cœur.

- Tu auras le croûton demain, Lola, dit Thomas.

- Oui, papa.

La petite famille rentre tranquillement chez elle à pied. Les deux petites filles tiennent la main de leur papa et parlent joyeusement.

Résumé : Thomas va chercher ses filles à l'école et ils passent par la boulangerie avant de rentrer à la maison pour prendre le goûter. Les petites filles voient tous les gâteaux dans la vitrine, mais préfèrent le croûton de pain frais. Le problème, c'est que le papa ne peut en donner qu'un.

Summary: Thomas picks up his daughters from school and they go to the bakery to get bread and a snack for the girls. The girls see all the delicious pastries in the window but when they see the baguette in their dad's hands, they both want the crust except Thomas can only give one.

Liste de vocabulaire :

- Habite (present tense, 3rd person singular) - To live
- Une femme - A woman or a wife
- Chercher (infinitive form) - To look for
- Un pantalon - Trousers
- Un t-shirt - A t-shirt
- Comme - Like (preposition)
- Une jupe - A skirt
- Un gilet - A cardigan
- Une épaule - A shoulder
- Une main - A hand
- Le goûter - After-school snack
- Une boulangerie - A bakery
- Raconte (present tense, 3rd person singular) - To tell
- Tous les jours - Every day
- Un croûton de pain - The crust of the bread
- Résoudre le problème (inf.) - To solve the problem
- Choisir (inf.) - To choose
- Un éclair - A flash of lightning or a pastry

Questions

1. Quel est le travail de Thomas ?
    a) Il est boulanger
    b) Il est architecte
    c) Il est professeur de français
    d) Il est professeur d'anglais

2. Que font Lola et Anna quand elles voient leur père à la sortie ?

- a) Elles marchent lentement
- b) Elles courent vers lui
- c) Elles se cachent
- d) Elles ne l'ont pas vu

3. Thomas et ses filles vont à la boulangerie la Mie Câline parce que

- a) C'est la meilleure boulangerie
- b) Elle est proche de leur maison
- c) Thomas connaît la boulangère
- d) Elle est proche de l'école

4. Que choisissent les filles pour le goûter ?

- a) Un éclair
- b) Un croissant
- c) Une chouquette
- d) Du pain

5. Comment Thomas décide qui aura le croûton de pain ?

- a) Il en donne aux deux filles
- b) Lola le gagne
- c) Il mange le croûton de pain
- d) Anna le gagne

Réponses

1. What's Thomas' job?

C: Il est professeur de français - He is a French teacher

2. What do Lola and Ann do when they see their father outside the school's gate?

B: Elles courent vers lui - They run towards him

3. Thomas and his daughters go to the bakery La Mie Câline because...

A: C'est la meilleure boulangerie - It's the best bakery

4. What do the girl choose for their after-school snack?

D: Du pain - Bread

5. How does Thomas decide who gets the crust of the baguette?

D: Anna le gagne - Anna wins it

Histoire 28

Une journée à Marseille - A day in Marseilles

La classe de CM1 de Mme Veil part en **classe verte** pour une semaine. Ils partent pour une **semaine** dans le Sud de la France. Les élèves sont tous excités à l'idée de **prendre le train** tous ensemble et de passer une semaine loin de leurs parents.

Tout le monde se retrouve très tôt un matin à la Gare de Lyon pour prendre un tgv qui va directement à Marseille. Le **voyage** dure quelques heures et les élèves s'amusent beaucoup à papoter et à faire des jeux. C'est un peu bruyant pour les autres passagers, mais ce sont des enfants, c'est normal.

Quand ils arrivent enfin à Marseille, Mme Veil leur demande de bien prendre toutes leurs affaires et de la suivre gentiment. Il y a trois autres adultes pour l'aider à **s'occuper** des 20 élèves. Les enfants regardent la gare de Marseille Saint Charles, impressionnés. Il y a une grande terrasse qui en fait le tour et on peut voir toute la ville et la mer depuis la gare. Ils prennent un car pour **aller** à leur petit hôtel et les enfants s'installent.

Les enfants sont tous **prêts** très tôt le lendemain matin. Ils sont impatients de découvrir Marseille. C'est très différent de leur ville, Clichy où il fait souvent gris. Ici, le ciel est bleu et il y a un grand soleil.

La journée commence par une **balade** le long du port pour admirer la mer. C'est un endroit très connu de Marseille. Les mouettes qui volent et **mangent** la nourriture laissée par les touristes amusent beaucoup les enfants. Ensuite, la maîtresse les emmène voir le MUCEM, le musée des civilisations de l'Europe et de la Méditerranée. C'est un énorme **bâtiment** juste à côté de la mer. Les enfants y **apprennent** plein de choses sur les peuples qui habitent des deux côtés de la mer Méditerranée.

Après le musée, la maîtresse **emmène** les enfants déjeuner et leur fait goûter une spécialité de Marseille, la bouillabaisse, un plat de poisson, de pommes de terre et de croûtons. Bon nombre des enfants n'en ont jamais mangé. C'est un plat salé surprenant. Certains aiment, d'autres moins. Heureusement, le repas se termine par une glace à l'italienne.

Vers 15 heures, il est temps de reprendre l'exploration de la ville. La visite d'aujourd'hui se termine par la basilique de Notre Dame de la Garde. Elle est en haut d'une colline pentue. Les enfants sentent leurs **jambes** fatiguer dans la montée. Une fois arrivés en haut, ils ne sont pas déçus ! Ils **voient** toute la côte depuis la basilique. Le seul problème, c'est qu'il y a beaucoup de vent, appelé le Mistral, et que c'est difficile de rester sur place. On voit la différence entre les gens qui habitent à Marseille et les touristes. Les Marseillais **avancent** sans problème et quand ils s'arrêtent, ils restent droits. Les touristes ont l'air de se battre contre le vent. Il faut forcer sur les jambes pour avancer et quand ils s'arrêtent, le vent les fait **reculer**.

Les enfants s'amusent beaucoup à **jouer** avec le vent pendant un moment. S'ils sautent, le vent les fait reculer de plusieurs pas. Ils s'amusent à se cacher derrière un mur qui coupe le vent puis à sauter dans le vent pour voir jusqu'où le vent va les porter. Leur maîtresse les laisse jouer quelque temps puis les fait entrer dans la basilique pour continuer la visite.

Quand ils ressortent, c'est l'heure du goûter et Mme Veil leur a acheté des navettes, un **gâteau** marseillais bien connu. C'est un long biscuit au léger goût de fleur d'oranger. Les enfants trouvent ça bon et en redemandent. Leur maîtresse profite de ce moment de calme pour leur demander ce qu'ils ont préféré de la journée. Certains ont aimé le musée, mais la plupart disent qu'ils ont préféré jouer avec le vent à côté de la basilique. Mme Veil sourit et ramène tous ses élèves à l'hôtel. Le repas du soir est plus calme et les élèves s'endorment vite après une journée aussi intense.

Résumé : La classe de Mme Veil part en classe verte à Marseille. Bon nombre des élèves de sa classe ne sont jamais allés dans le Sud de la France. Ils sont tous très contents de partir en voyage tous ensemble. Quelles aventures vont-ils vivre pendant ce voyage ?

Summary: Mrs Veil's class is going on a field trip to Marseilles. Many of her students have never been to the South of France. They are very excited to go on a trip together. What will they discover on this trip?

Liste de vocabulaire :

- Une classe verte - A field trip

- Une semaine - A week

- Prendre le train (inf.) - To take the train

- Un voyage - A trip

- S'occuper (inf.) - To take care of

- Aller (inf.) - To go

- Prêt - Ready

- Une balade - A walk, a stroll

- Mangent (present tense, 3rd person plural) - To eat

- Un bâtiment - A building

- Apprennent (present tense, 3rd person plural) - To learn

- Emmène (present tense, 3rd person singular) - To take (somewhere)
- Une jambe - A leg
- Voient (present tense, 3rd person plural) - To see
- Avancent (present tense, 3rd person plural) - To go forward
- Reculer (inf.) - To go backward
- Jouer (inf.) - To play
- Un gâteau - A biscuit or a cake

Questions

1. Dans le train, les enfants sont

    a) Calmes
    b) Bruyants
    c) Endormis
    d) Silencieux

2. Qu'est-ce qu'on ne peut pas voir depuis la terrasse de la gare de Marseille Saint Charles ?

    a) La montagne
    b) La gare
    c) La mer
    d) La ville

3. Quel est l'ingrédient principal de la bouillabaisse ?

    a) De la viande
    b) Des légumes
    c) Du poisson
    d) Du pain

4. Qu'est-ce que les enfants visitent en dernier ?

   a) La canebière
   b) Le Vieux Port
   c) Le musée
   d) La basilique

5. Qu'est-ce que les enfants ont préféré ?

   a) Le musée
   b) La canebière
   c) La basilique
   d) Le vent

Réponses

1. On the train, the kids are

B: Bruyants - Noisy

2. What can you not see from the terrace of the Marseille Saint Charles train station?

A: The mountain - La montagne

3. What's the main ingredient of the bouillabaisse?

C: Du poisson - Fish

4. What do the kids visit last?

D: La basilique - The basilique

5. What did the kids like best?

D: Le vent - The wind

Histoire 29

La fête du 14 juillet - The 14 of July

C'est le 14 juillet. La famille Durand est réunie pour le **déjeuner** chez le grand-père qui vit dans un **appartement** à Paris. Gaëtan n'a jamais été voir le défilé et demande à son **grand-père** de lui expliquer.

- Le 14 juillet est une **date** importante pour tous les Français et Françaises. C'est un **jour férié** qui fête la Révolution française qui a eu lieu en 1789, **explique** Fernand à son petit-fils Gaëtan, assis à côté de lui dans le canapé.

- C'est quoi la Révolution Française ? Demande Gaëtan, curieux.

- En 1789, les Français et les Françaises n'étaient pas contents du roi Louis XVI. Ils ont essayé de lui parler et de lui faire comprendre leur situation.

- Mais ça n'a pas marché ?

- Le roi n'a pas voulu **écouter**. Il a continué à **dépenser** tout l'argent du royaume alors que les Français **avaient faim**. Il envoyait aussi les Français faire la guerre.

- Il n'était pas gentil, ce roi.

- Il faisait comme son arrière-grand-père Louis XIV. Sauf que ce n'était plus la même époque.

- Et après ?

145

- Quand les Français ont compris que le roi ne changerait pas d'avis, ils ont attaqué le château de Versailles et la prison de la Bastille.

- Et après ?

- Après ça, la France est devenue une république. C'est-à-dire que nous n'avons plus de roi, mais un président.

- C'est **mieux** alors ?

- C'est ce qu'on fête tous les 14 juillet comme aujourd'hui.

- Super ! Comment ?

- Justement, c'est une **surprise**.

Le repas est terminé et la famille Durand s'installe dans le canapé pour regarder le défilé à la télé. Il y a des soldats de l'armée de terre, de la marine qui défilent. Il y a même un spectacle avec les **avions** de l'armée de l'air. Pendant tout le défilé, Gaëtan montre la télé du doigt et **pose des questions** à son grand-père. Quand il était plus jeune, Fernand a fait partie de l'armée de terre et il a eu la chance de défiler.

La famille Durand va voir le plus grand feu d'artifice du 14 juillet, celui qui a lieu à la Tour Eiffel et qui passe à la télé. Gaëtan est tout excité. Le petit garçon et ses parents partent en avance pour avoir une belle vue et Gaëtan promet de raconter à son grand-père ce qu'il aura vu.

Ils arrivent sur la place du Trocadéro et le **feu d'artifice** commence, mais Gaëtan, du haut de ses 10 ans, ne voit pas. Il est déçu, mais son père le pose sur ses épaules pour lui permettre de voir. Le **spectacle** est magique. Il y a des feux d'artifice bleus, des blancs et des rouges, comme le **drapeau** français. En fond, on entend l'hymne national, la Marseillaise. Il y a aussi comme des pluies dorées, des feux multicolores et le bouquet final sont impressionnants. Gaëtan a les yeux qui brillent.

Sur le chemin du retour, le petit garçon s'endort dans les bras de son père, fatigué, mais heureux et impatient de tout raconter à son grand-père.

Résumé : C'est le jour de la fête nationale en France. La famille Durand déjeune chez le grand-père Fernand. Gaëtan, dix ans, va assister pour la première fois aux festivités du 14 juillet. Gaëtan n'est pas au bout de ses surprises.

Summary: It's Bastille Day, the national holiday in France. The Durands are having lunch with Fernand, Gaëtan's grandfather. It's the first time that Gaëtan will go to the festivities of the 14th of July. Gaëtan is very excited.

Liste de vocabulaire :

- Le déjeuner - Lunch
- Un appartement - An apartment
- Un grand-père - A grandfather
- Une date - A date (on the calendar)
- Un jour férié - A national holiday
- Expliquer (inf.) - To explain
- Écouter (inf.) - To listen
- Dépenser (inf.) - To spend (money)
- Avaient faim (imperfect tense, 3rd person plural) - To be hungry
- Mieux - Better
- Une surprise - A surprise
- Un avion - A plane

- Pose des questions (Present tense, 3rd person singular) - To ask questions
- Un feu d'artifice - Fireworks
- Un spectacle - A show
- Un drapeau - A flag

Questions

1. Où est la famille Durand au début de l'histoire ?

    a) Chez les parents de Gaëtan
    b) Au restaurant
    c) Chez le grand-père
    d) Chez une tante

2. Pourquoi est-ce que les Français et les Françaises fêtent le 14 juillet ?

    a) Parce que c'est l'été
    b) C'est la date à laquelle la France est devenue une république
    c) C'est la date à laquelle la France a gagné la coupe du monde de football
    d) Parce que c'est férié

3. Qu'est-ce que Gaëtan a vu pendant le défilé ?

    a) Des chanteurs
    b) Des danseurs
    c) Des animaux
    d) Des soldats

4. Où a lieu le feu d'artifices ?

    a) Au Trocadéro
    b) A l'Arc de Triomphe
    c) Au Louvre
    d) A la Bastille

5. De quelles couleurs est le drapeau français ?

   a) Rouge, blanc, bleu
   b) Blanc, bleu, rouge
   c) Bleu, blanc, rouge
   d) Bleu, rouge, blanc

Réponses

1. Where are the Durands at the beginning of the story?

C: Chez le grand-père - At the grandfather's house

2. What do French people celebrate on the 14th of July?

B: C'est la date à laquelle la France est devenue une république - That's the date when France became a republic

3. What did Gaëtan see during the parade?

D: Des soldats - Soldiers

4. Where do the fireworks take place?

A: Au Trocadéro - At the Trocadéro

5. What colors is the French flag?

D: Bleu, blanc, rouge - Blue, white and red

<h1 style="text-align:center">Histoire 30</h1>

<h1 style="text-align:center">Le défi de Noël - A Christmas Challenge</h1>

Tous les ans pour **Noël**, c'est un peu la course pour Catherine et sa famille. Il y a Mathéo, son **mari**, Sarah, leur fille de quinze ans et Tom, leur **fils** de 12 ans. Le problème, c'est qu'il faut aller dans la famille de Catherine et dans la famille de Mathéo entre le 24 et le 25 décembre. Les grands-parents veulent voir leurs petits enfants pour Noël. Cela demande une sacrée organisation. Les parents de Catherine habitent en Bretagne et les parents de Mathéo habitent en région parisienne, à Versailles. Il faut aller chez les uns le 24 pour la **soirée du réveillon** de noël et chez les autres le 25 pour le jour de Noël. Sauf qu'il y a 350 kilomètres entre les deux.

Catherine et sa famille vivent à l'ouest de Paris, à Courbevoie, ils commencent donc par aller à Versailles qui est plus près.

Le matin du 24, il faut **se préparer**, faire les valises, **s'habiller** et ne surtout pas oublier les **cadeaux**. La petite famille se prépare tranquillement et mange un déjeuner léger. Avec tout ce qu'on mange le soir de Noël, inutile de trop manger le midi. Quand tout le monde est prêt, on monte en voiture et c'est parti. Le **trajet** jusqu'à Versailles n'est pas très long. Ils arrivent en milieu d'après-midi devant la maison des parents de Mathéo.

Les parents de Mathéo les accueillent avec joie et installent tout le monde devant la cheminée. Le salon est bien **décoré** de guirlandes et de boules de Noël. Le sapin est installé dans un coin de la pièce. Tout le monde participe à la préparation du **repas**. Mathéo aide sa mère à **cuisiner**. Catherine et Tom décorent la table. Sarah et son grand-père ramènent du bois pour chauffer la cheminée toute la nuit.

Vers 19h, chacun va dans sa chambre pour se faire beau pour le soir. À 20h, tout le monde redescend, les cadeaux sont apparus sous le sapin. Le père Noël est **en avance**. Pour **célébrer** le moment, les parents et les grands-parents boivent du champagne, les enfants du soda. Le long repas commence ensuite.

On commence par des petits gâteaux apéritifs. Ensuite, ce sont les **entrées**. Il y a du foie gras avec des toasts et du confit de figue puis du saumon fumé. Le **plat** traditionnel est une dinde farcie avec des marrons. Il y a ensuite le plateau de fromages avec du bon pain. En dessert, on termine avec la buche de Noël et ses petits personnages. À la fin du repas, il est minuit passé, c'est l'heure d'ouvrir les cadeaux. Les enfants n'en peuvent plus d'**attendre**. Tom a eu les jeux vidéo qu'il voulait et Sarah, son kit de construction. Il est temps d'aller au lit, car il faut se lever tôt pour aller en Bretagne demain.

Catherine et Mathéo **réveillent** Tom et Sarah vers 7 heures pour partir vers 7 heures et demie. Il y a plus de quatre heures de route jusque chez les parents de Catherine et il faut arriver pour le déjeuner. Tom et Sarah ouvrent à peine les yeux, ils **rangent leurs affaires**, mangent une tartine rapidement et montent dans la voiture. Ils se rendorment aussitôt.

Quand Mathéo les réveille, il est midi et demi, ils sont arrivés chez leurs autres grands-parents. Ils sont un peu plus reposés et joyeux. Ils entrent dans la maison de leurs grands-parents bretons et disent bonjour à tout le monde. Cette année, il y a aussi leurs cousins et cousines.

On s'installe à nouveau à table pour un deuxième repas de Noel alors que le repas du 24 est à peine digéré. Tout le monde fait honneur aux plats même s'ils n'ont pas très faim, car les grands-parents ont passé beaucoup de temps à les préparer. Cette fois, il y a des huîtres et des fruits de mer en entrée, puis une dinde farcie avec des haricots verts et une bûche glacée. Heureusement qu'il y a encore des cadeaux à ouvrir sinon tout le monde serait parti **faire la sieste**.

À la fin de la journée, Mathéo et Catherine sont bien **fatigués** et se disent que décidément, Noël, ce n'est pas reposant. Il faudra pourtant recommencer l'année prochaine.

Résumé : C'est les fêtes de fin d'année et Catherine et sa famille se préparent à fêter Noël avec tout le monde. Le problème c'est qu'il faut aller dans la famille de Catherine et dans la famille de Mathéo entre le 24 et le 25 décembre. Tous les ans, c'est la course pour voir tout le monde.

Summary: Christmas is coming up and Catherine and her family are getting ready to celebrate with their family. The problem is that they have to go to Catherine's side of the family and Mathéo's between the 24th and the 25th to make everybody happy. It's quite the challenge every year!

Liste de vocabulaire :

- Noël - Christmas
- Un mari - A husband
- Un fils - A son
- La soirée du réveillon - Christmas Eve
- Se preparer (inf.) - To get ready
- S'habiller (inf.) - To get dressed
- Un cadeau - A gift
- Un trajet - A journey
- Décoré (present participle) - Decorated
- Un repas - A meal

- Cuisiner (inf.) - To cook

- En avance - Early

- Célébrer (inf.) - To celebrate

- Une entrée - A starter

- Un plat - A dish

- Attendre (inf.) - To wait

- Réveillent (present tense, 3rd person plural) - To wake up

- Rangent leurs affaires (present tense, 3rd person plural) - To pack up their things

- Faire la sieste (inf.) - Take a nap

- Fatigué - Tired

Questions

1. Où vivent les parents de Catherine ?

    a) A Courbevoie
    b) A Paris
    c) A Versailles
    d) En Bretagne

2. Quelle distance y a-t-il entre Versailles et la Bretagne ?

    a) Cent cinquante kilomètres
    b) Deux cents kilomètres
    c) Trois cent cinquante kilomètres
    d) Quatre cent cinquante kilomètres

3. A quelle heure partent-ils pour la Bretagne le 25 décembre ?

    a) Sept heures trente
    b) Sept heures
    c) Six heures trente
    d) Minuit

4. Qu'est-ce qui change entre le repas du 24 et celui du 25 ?

    a) L'entrée
    b) Le plat
    c) Le fromage
    d) Le dessert

5. Comment se termine l'histoire ?

    a) Catherine et sa famille n'ont pas réussi à aller en Bretagne à temps
    b) Catherine et sa famille ont réussi à aller en Bretagne
    c) Tom et Sarah ne se sont pas réveillés le 25
    d) Ils ont oublié les cadeaux

Réponses

1. Where do Catherine's parents live?

D: En Bretagne - In Bretagne

2. How far apart are Versailles and the region of Bretagne?

C: Trois cent cinquante kilomètres - Three hundreds and fifty kilometers

3. When do they live for Bretagne on the 25th?

A: A sept heures trente - At 7.30 am

4. What changes between the meal from 24th and the 25th?

A: L'entrée - The starters

5. How does the story end?

B: Catherine et sa famille ont réussi à aller en Bretagne - Catherine and her family managed to go to Bretagne on time

Conclusion

Congratulations on finishing our book! We hope that you have learned to read and comprehend more in French, but what is also important is that you have learned good habits such as repeating the content you have learned regularly. You can utilize this tip while learning almost anything.

Suppose you finished reading this book and have now experienced a better way of learning than the traditional educational system. In that case, you will likely not want to stop your language learning adventure.

As you already know, language learning is a precious skill in the modern world for many reasons. For example, it can lead to better-paying job opportunities, easier traveling and learning a new culture, hanging out in contact with people from around the world, reaching new customers in your business, etc.

We cannot forget that language learning is one of the best forms of memory training. You stimulate many parts of your brain while learning the required skills, like speaking, reading, and listening. The health advantage is priceless.

We would love to encourage you to continue your incredible journey. The first step is making it a habit to review the stories from this book. It will remind you of some of the words you have learned here.

You can also utilize apps on your smartphone to learn new words in a language. Spending time on your phone is more valuable than scrolling through Facebook or watching funny kiddie videos.

To be straight, we do not have anything against social media, but we believe that mobile phones can be utilized to learn languages if you want to achieve your goals faster and easier. There are many options to choose from on the market. Some include exercises to improve pronunciation. Some have stories and dialogues, while some offer word lists.

Many free or paid applications exist, so try them and choose your favorite. Why not use technology to increase your language skills?

Moreover, you listen to podcasts in your target language to familiarize yourself with the sound of the language. It is a great way to learn when you go for a walk, drive a car, or do a daily task. Also, watching videos in your target language is an excellent option while <u>not</u> driving a car!

One of the crucial things while achieving fluency in the language you are practicing is to engage with native speakers. Many mobile apps reach people worldwide, even for free! Many people want to improve their English skills, and some want to improve, for example, French. You will surely benefit from these talks. It is a precious option.

If you feel confident in the language, you have learned with us, congratulations! What about challenging yourself and learn another language? Sounds like an exciting challenge, no? We offer a similar book with Spanish stories for beginners, so you may check it out.

Remember to use the language you have learned not to lose the ability to communicate fluently.

PS: We added a vocabulary list containing all the bolded words from the stories in one place - after this page. Check it whenever you want to revise some vocabulary.

Thank you so much for reading this book. I hope you enjoyed it. If you did, please write a genuine review on Amazon. This way, other people will benefit from reading the book, so keep them informed. Thank you!

Vocabulary from all the stories

- A besoin (present tense, 3rd person singular) - To need
- Accueille (present tense - 3rd person singular) - To welcome
- Activité sportive ou créative - Sport or craft activity
- Aimable - Pleasant
- Aller (inf.) - To go
- Aller au travail (inf.) - To go to work
- Allons - Let's go
- Allume (present tense, 3rd person singular) - To turn on
- Amusant - Fun
- Applaudit (present tense - 3rd person singular) - To clap
- Apporte (present tense, 3rd person singular) - To bring
- Apprécient (present tense, 3rd person plural) - To like
- Apprennent (present tense, 3rd person plural) - To learn
- Après - After
- Attend (present tense, 3rd person singular) - To expect (a child)
- Attendre (inf.) - To wait
- Atterrit (present tense - 3rd person singular) - To land
- Attire (present tense, 3rd person singular) - To attract
- Attrape (present tense, 3rd person singular) - To catch
- Au début - At first
- Au quotidien - In everyday life
- Auront (future tense, 3rd person plural) - To have
- Avaient faim (imperfect tense, 3rd person plural) - To be hungry
- Avancent (present tense, 3rd person plural) - To go forward
- Avant - Before
- Avec - With
- Beaucoup - A lot
- Bienveillant - Kind
- Boivent (present tense, 3rd person plural) - To drink
- Brun - Brown-haired
- Calme - Calm
- Célébrer (inf.) - To celebrate
- Célibataire - Single
- Cet (masc.) - This
- Chantant (present participle) - To sing
- Chaque - Each
- Chaude (fem.) - Hot, warm
- Cher - Expensive

- Chercher (inf.) - To look for
- Chercher (infinitive form) - To look for
- Choisir (inf.) - To choose
- Coincé - Stuck
- Commander - To order
- Comme - Like (preposition)
- Comme d'habitude - As usual
- Compliqué - Complicated
- Compris - Included
- Contacte (present tense - 3rd person singular) - To contact
- Continue à (present tense, 3rd person singular) - To keep on
- Convient (present tense, 3rd person singular) - To suit
- Crie (present tense, 3rd person singular) - To scream
- Cuire - To cook
- Cuisiner (inf.) - To cook
- D'abord - First
- De l'argent de côté - Savings
- De la place - Room
- Débute (present tense, 3rd person singular) - To start out
- Décoller - To take off
- Décoré (present participle) - Decorated
- Délicieux - Delicious
- Demander son chemin - To ask for directions
- Démarre (present tense, 3rd person singular) - To start
- Déménagé (present participle) - To move houses
- Dépenser (inf.) - To spend (money)
- Déposent un dossier (present tense, 3rd person plural) - To submit an application
- Depuis - Since
- Dérange (present tense, 3rd person singular) - To disturb
- Dernier - Last
- Des céréales (fem.) - Cereal
- Des vêtements (masc.) - Clothes
- Désagréable - Unpleasant
- Descend (present tense, 3rd person singular) - To go down
- Desserre (present tense, 3rd person singular) - To release
- Dessine (present tense, 3rd person singular) - To draw
- Devenir (inf.) - To become
- Difficile - Hard
- Directement - Straight
- Discutent (present tense, 3rd person plural) - To chat
- Disponible - Available
- Donne (present, 3rd person singular) - To give
- Du matériel (masc.) - Supplies
- Écouter (inf.) - To listen
- Efficace - Efficient
- Élever - To raise
- Embauché (past participle) - To hire
- Embrasse (present tense, 3rd person singular) - To kiss

- Emmène (present tense, 3rd person singular) - To take (somewhere)
- En avance - Early
- En dehors - Outside
- En train - By train
- En vacances - On holidays
- Enceinte - Pregnant
- Encouragé (present participle) - To encourage
- Encouragent (present tense, 3rd person plural) - To cheer on
- Énorme - Huge
- Enregistre (present tense - 3rd person singular) - To check in
- Enseigner (inf.) - To teach
- Ensemble - Together
- Entrer (inf.) - To enter, come in
- Épuisant - Exhausting
- Espéraient (imperfect tense - 3rd person plural) - To hope
- État - State
- Évident - Obvious
- Existe (present tense, 3rd person singular) - To exist
- Expliquer (inf.) - To explain
- Fâché - Annoyed
- Facile - Easy
- Faim - Hungry
- Faire bonne impression (inf.) - To make a good impression
- Faire du vélo - To cycle
- Faire la sieste (inf.) - Take a nap
- Faire leurs premières courses - To go grocery shopping for the first time
- Fait le tour (Present tense - 3rd person singular) - To tour
- Fatigué - Tired
- Fatiguer - To get tired
- Fêter (inf.) - To celebrate
- Fière (fem.) - Proud
- Finit (present tense - 3rd person singular) - To end
- Fonctionnent (present tense, 3rd person plural) - To work
- Fondre (inf.) - To melt
- Fournitures (fem.) - Office supplies
- Frère - Brother
- Froide (fem.) - Cold
- Fromage - Cheese
- Gagne en assurance (present tense, 3rd person singular) - To become more confident
- Garder (inf.) - To keep
- Gâté - Spoiled
- Gentil - Nice
- Grand, grande - Tall
- Grande (fem.) - Big
- Gratuit - Free
- Habite (present tense, 3rd person singular) - To live
- Il y a - There is/are
- Impatient - Impatient
- Ingrédients - Ingredients
- Installe (present tense, 3rd person singular) - To set up

- Jettent (present tense, 3rd person plural) - To throw
- Jeunes actives (fem.) - Young workers
- Jouer (inf.) - To play
- Jumeaux (masc.) - Twins
- L'examen de conduite - The driving test
- L'examinateur - The examiner
- L'immobilier - Real estate
- La banlieue parisienne - Parisian suburbs
- La campagne - The countryside
- La cantine - The cafeteria
- La chambre - Bedroom
- La confiture - Jam
- La douane - Customs
- La fac (colloquial), la faculté, l'université - College
- La fève - The charm
- La foule - The crowd
- La galette des rois - Epiphany cake
- La joue - The cheek
- La mauvaise humeur - Bad mood
- La mercerie - Dry goods
- La nourriture - Food
- La pause déjeuner - Lunch break
- La plupart - Most
- La première fois - The first time
- La primaire - Primary school
- La randonnée - Hiking

- La rentrée - First day back
- La soirée du réveillon - Christmas Eve
- La terminale - 12th grade
- La troisième - 8th grade
- Le baccalauréat - High school diploma
- Le code de la route - Driver's Manual
- Le collège - Middle school (from 11 to 14 years old)
- Le déjeuner - Lunch
- Le frein à mains - The handbrake
- Le goûter - After-school snack
- Le jardin - The garden
- Le jeu libre - Free play
- Le lait - Milk
- Le lendemain - The next day
- Le levier de vitesse - The gearshift
- Le lycée - High scool
- Le monde - The world
- Le plateau - The tray
- Les petits-enfants - The grand children
- Les soldes (fem.) - Sales
- Lisent (present tense, 3rd person plural) - To read
- Livres - Books
- Locaux (masc., pl.) - Locals
- Louer (inf.) - To rent
- Malade - Sick

- Mangent (present tense, 3rd person plural) - To eat
- Manque (present tense, 3rd person singular) - To miss
- Marcher (inf.) - To walk
- Mauvais, mauvaise - Wrong
- Méritent (present tense - 3rd person plural) - To deserve
- Met (present tense, 3rd person singular) - To put
- Met à jour (present tense - 3rd person singular) - To update
- Mètres carrés - Square meters
- Mieux - Better
- Monte (present tense, 3rd person singular) - To go up
- Montrer - To show
- Motivé (past participle) - Driven
- Noël - Christmas
- Ont grandi (perfect tense - 3rd person plural) - To grow up
- Organise (presente tense, 3rd person singular) - To organize
- Ouvert - Open
- Par contre - However
- Par semaine - A week
- Passe plusieurs entretiens (present tense - 3rd person singular) - To have several interviews
- Passe son temps (present tense, 3rd person singular) - To spend one's time
- Passionnée de (fem.) - Passionate about
- Pendant - During, while
- Penser - To think
- Petite (fem) - Young/Little
- Plaignent (present tense - 3rd person plural) - To complain
- Plaire - To appeal
- Plaisante (present tense - 3rd person singular) - To joke
- Portent (present tense, 3rd person plural) - To wear
- Portent (present, 3rd person plural) - To carry
- Pose des questions (Present tense, 3rd person singular) - To ask questions
- Poste à pourvoir - Job vacancy
- Postuler - To apply
- Pratique (present tense, 3rd person singular) - To practise
- Préféré - Favorite
- Prendre des photos - To take pictures
- Prendre le train (inf.) - To take the train
- Prendre leur retraite (inf.) - To retire
- Préparer (inf.) - To prepare
- Présente ses excuses (present tense - 3rd person singular) - To apologize
- Pressé - In a hurry
- Prêt - Ready

- Prévoient (present tense, 3rd person plural) - To plan
- Profiter (inf.) - To enjoy
- Promènent (present tense - 3rd person plural) - To go for a walk
- Propose (present tense, 3rd person singular) - To offer
- Proposer le poste (inf.) - To offer the job
- Quelques jours - A few days
- Quittent (present tense, 3rd person plural) - To leave
- Quitter (inf.) - To leave
- Raconte (present tense, 3rd person singular) - To tell
- Ramasser - To pick up
- Rangent leurs affaires (present tense, 3rd person plural) - To pack up their things
- Rapide - Quick
- Raté (past participle) - To fail
- Rater - To miss
- Recharger - To charge
- Recommande (present tense - 3rd person singular) - To recommend
- Recruter (inf.) - To hire
- Reculer (inf.) - To go backward
- Rédige (present tense - 3rd person singular) - To write
- Regarder (inf.) - To watch
- Remercie (present tense, 3rd person singular) - To thank
- Remonter le moral - To cheer someone up
- Rencontrés (past participle) - To meet
- Renseigner - To inform, help
- Réservent (present tense, 3rd person plural) - To book
- Résoudre le problème (inf.) - To solve the problem
- Respirent (present tense, 3rd person plural) - To breathe
- Restés (past participle) - To stay
- Retenue (past participle) - To take (for a job)
- Réussir - To succeed
- Réussit (present tense, 3rd person singular) - To pass
- Rêvaient (imperfect tense, 3rd person plural) - To dream
- Réveillent (present tense, 3rd person plural) - To wake up
- Révise (present tense - 3rd person singular) - To review
- Rit (Present tense - 3rd person singular) - To laugh
- S'améliorer (inf.) - To improve
- S'assure (Present tense - 3rd person singular) - To make sure
- S'en charge (present tense, 3rd person singular) - To take care of
- S'est moqué (perfect tense - 3rd person singular) - To make fun of
- S'habiller (inf.) - To get dressed

- S'inquiéter - To worry
- S'installer - To move in
- S'occuper (inf.) - To take care of
- Saluent (present tense, 3rd person plural) - To say hi
- Se concentrer (inf.) - To focus
- Se détendre - To relax
- Se doucher (inf.) - To take a shower
- Se faire des amis - To make friends
- Se faire plaisir (inf.) - To treat oneself
- Se laissent (present tense, 3rd person plural) - Let themselves
- Se lassent (present tense, 3rd person plural) - To get tired of
- Se lève (present tense, 3rd person singular) - To get up
- Se met à table (present tense - 3rd person singular) - To sit for lunch/dinner/supper
- Se nourrir (inf.) - To feed oneself
- Se passe (present tense, 3rd person singular) - To take place
- Se preparer (inf.) - To get ready
- Se présente (present tense, 3rd person singular) - To introduce oneself
- Se produire sur scène - To perform on stage
- Se rappeler (inf.) - To recall
- Se retourne (Present tense - 3rd person singular) - To turn around
- Se retrouvent (present tense - 3rd person plural) - To end up
- Se sont donné rendez-vous (perfect tense, 3rd person plural) - To arrange to meet
- Se sont mariés (perfect tense, 3rd person plural) - To get married
- Semi-meublé - Half-furnished
- Sérieux, sérieuse - Serious
- Serré - Tight
- Sert la main (present tense - 3rd person singular) - To shake so's hand
- Servir (inf.) - To wait on
- Soit - Either
- Sombre - Dark
- Sortir (inf.) - To go out
- Sortir ensemble (inf.) - To go out (as a couple)
- Suit des cours (present tense, 3rd person singular) - To take a course
- Suivent (present tense, 3rd person plural) - To follow
- Surpris - Surprised
- T'habiller (inf., 2nd person singular) - Get dressed
- Tellement - So
- Termine (present tense, 3rd person singular) - To end
- Tombent (present tense, 3rd person plural) - To fall
- Tombés amoureux (past participle) - To fall in love

- Tôt - Early
- Tous les jours - Every day
- Tous les soirs - Every night
- Tout le monde - Everyone
- Toute l'année - All year long
- Trichent (present tense - 3rd person plural) - To cheat
- Tricher (inf.) - To cheat
- Trompeuse (fem.) - Misleading
- Trouver (inf.) - To find
- Un adolescent - A teenager
- Un agenda - A diary
- Un ami - A friend
- Un appartement - An apartment
- Un appel - A call
- Un ascenseur - An elevator
- Un avion - A plane
- Un bateau - A ship
- Un bâtiment - A building
- Un bien - A property
- Un bras - An arm
- Un bureau - An office or a desk
- Un cadeau - A gift
- Un cahier - A notebook
- Un centre commercial - A shopping mall
- Un classeur - A ring binder
- Un contrôle - A test
- Un coude - An elbow
- Un créneau - A time slot
- Un croûton de pain - The crust of the bread
- Un deux pièces - A one-bedroom apartment
- Un drapeau - A flag
- Un éclair - A flash of lightning or a pastry
- Un employé - An employee
- Un endroit - A place
- Un entraînement - Training
- Un entraîneur - A coach
- Un entretien d'embauche - A job interview
- Un escalier - A flight of stairs
- Un étage - A floor
- Un étage - Floor
- Un été - Summer
- Un événement - An event
- Un exposé - A presentation (spoken)
- Un feu d'artifice - Fireworks
- Un fils - A son
- Un gâteau - A biscuit or a cake
- Un gilet - A cardigan
- Un grand-père - A grandfather
- Un gymnase - Sports hall
- Un habitué, une habituée - A regular client
- Un hiver - Winter
- Un immeuble - A building
- Un infirmier (masc.) - A nurse
- Un jour férié - A national holiday
- Un logement - Accomodation
- Un magasin - A shop
- Un manteau - A coat

- Un mari - A husband
- Un médecin - A doctor
- Un menton - A chin
- Un métier - A profession
- Un mois - A month
- Un moniteur - An instructor
- Un mur - A wall
- Un œuf - An egg
- Un ordinateur - A computer
- Un outil - A tool
- Un panneau - A sign
- Un pantalon - Trousers
- Un papier - A paper
- Un partiel - End-of-term exam
- Un personnage - A character
- Un peuple - A people
- Un plat - A dish
- Un portable - A cell phone
- Un prénom - The first name
- Un professeur - A teacher (from middle scool)
- Un quai - A platform
- Un quartier - A neighborhood
- Un rayon - A section
- Un recruteur - A recruiter
- Un repaire - A den, a lair
- Un repas - A meal
- Un réseau - A network
- Un rétroviseur - A rearview mirror
- Un sac - A bag
- Un salon - A living room
- Un sondage - A poll
- Un sous-sol - A basement
- Un spectacle - A show
- Un stagiaire - An intern
- Un stylo - A pencil
- Un t-shirt - A t-shirt
- Un tableau - A painting
- Un trajet - A journey
- Un transport en commun - Public transportation
- Un verre - A glass
- Un vol - A flight
- Un voyage - A trip
- Une assiette - A plate
- Une auto-école - A driving school
- Une balade - A walk, a stroll
- Une bibliothèque - A library
- Une boulangerie - A bakery
- Une bourse - A scholarship
- Une cabine d'essayage - A dressing room
- Une carrière - A career
- Une carte - A card
- Une carte - A map
- Une chaussette - A sock
- Une chaussure - A shoe
- Une classe verte - A field trip
- Une compétence - A skill
- Une compétition - A compétition
- Une copine - A girlfriend
- Une correspondance - A connection
- Une cuisine - A kitchen

- Une cuisse - A thigh
- Une date - A date (on the calendar)
- Une direction - A direction
- Une enfance - A childhood
- Une entrée - A starter
- Une entreprise - A company
- Une épaule - A shoulder
- Une femme - A woman or a wife
- Une fois - One time
- Une glace - Ice cream
- Une habitude - A habit
- Une jambe - A leg
- Une jupe - A skirt
- Une ligne de métro - A subway line
- Une lumière - A light
- Une main - A hand
- Une mairie - A city hall
- Une maison - A house
- Une matière - (school) Subject
- Une note - A grade
- Une offre d'emploi - A job ad
- Une part - A slice
- Une partie - A game
- Une pièce - A room
- Une pile de livres - A pile of books
- Une piscine - A swimming pool
- Une place - A seat
- Une place de parking - A parking spot
- Une plage - A beach
- Une porte d'embarquement - Boarding Gate
- Une prise de courant - A power outlet
- Une promotion - A promotion
- Une récréation - Recess
- Une réunion - A meeting
- Une robe d'été - A summer dress
- Une salle d'eau - A bathroom (with only a shower, no bathtub)
- Une salle de concert - A concert hall
- Une salle de sport - A gym
- Une scène - A stage
- Une semaine - A week
- Une serveuse (fem.) - A waitress
- Une sortie - An exit
- Une surprise - A surprise
- Une tartine - Bread and jam or butter
- Une trousse - A pencil case
- Une tutrice (fem.) - A tutor
- Une voiture - A car
- Vendu (past participle) - To sell
- Vérifié (past participle) - To check
- Visiter (inf.) - To visit
- Vite - Fast
- Vivre ensemble (inf.) - To live together
- Voient (present tense, 3rd person plural) - To see